AF494135

PASSIBONQUEÇA

HISTOIRE VÉRIDIQUE ET PEU SURPRENANTE
D'UN CURÉ DE PARIS

Manuscrit de l'Abbé LE GALLO

Recueilli par

L'ABBÉ JULIO

276

Prix : Deux francs

PARIS
IMPRIMERIE LIBRE DE M. L'ABBÉ JULIO
166, RUE SAINT-MAUR, 166

1888

PASSIBONQUEÇA

En vente chez M. l'abbé Julio

166, RUE SAINT-MAUR, PARIS.

Gorin et Cie, par Benoit Gogo . . . . 2 fr.

L'Archevêque de Paris et les Dames de Carreau par l'Abbé JULIO . . . . 1 fr.

POUR PARAITRE PROCHAINEMENT

Mémoires d'un paria.

Le Clergé de Paris, révélations curieuses et authentiques sur la valeur intellectuelle et morale du haut et bas clergé de la grande capitale.

République chrétienne et universelle, unique solution des temps modernes. Etude des questions religieuses et sociales de notre époque.

Un évêque républicain, vie de l'abbé Fauchet, évêque du Calvados.

Rats de ville et rats des champs ou Chanoines et Curés, poésies funambulesques.

Un lapin clérical, histoire bocagère.

Histoire d'un aumônier des Volontaires de l'Ouest pendant la guerre prussienne et la Commune.

PASSIBONQUEÇA

PASSIBONQUEÇA

HISTOIRE VÉRIDIQUE ET PEU SURPRENANTE

D'UN CURÉ DE PARIS

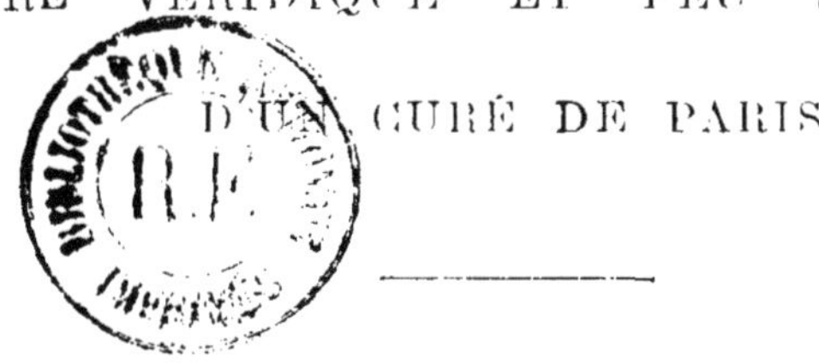

Manuscrit de l'Abbé LE GALLO, recueilli

PAR

L'ABBÉ JULIO

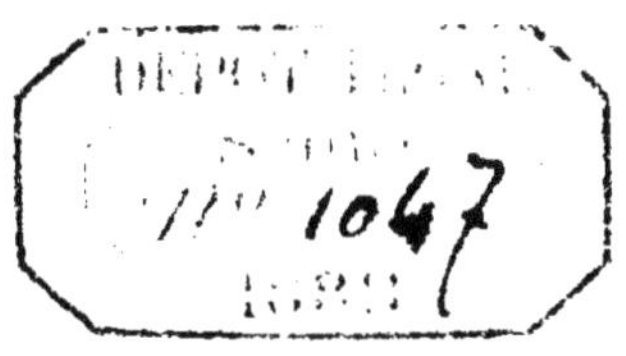

PARIS
IMPRIMERIE LIBRE DE M. L'ABBÉ JULIO
166, RUE SAINT-MAUR, 166

1888

PRÉFACE

Au mois de juillet 1887, par une chaleur torride et en plein midi, je parcourais les boulevards. Les rayons de feu de l'implacable soleil et le souffle de braise de l'atmosphère enflammée faisaient couler l'asphalte, crier les chiens et fondre les cervelles.

Il me fallait pour le lendemain dans mon journal un article à sensation, une philippique vésuvienne contre ces affreux réacs, qui sans cesse osent relever la tête, et sans cesse menacent nos chères institutions républicaines, en profitant des fautes continuelles de quelques imbéciles, que nous avons la faiblesse de hisser sur le pavois.

Sous l'influence de cette chaleur sénégalienne, ma pensée bouillonnait comme une lave incandescente; elle frappait de droite et de gauche, d'estoc et de taille : et ma divinité préférée, que ces pygmées voulaient souiller de leurs impurs embrassements, percer dans l'ombre de leurs traîtres poignards, s'élevait radieuse et fraîche...

Et moi je suais à grosses gouttes.

Entrer dans un café, c'est vouloir étouffer dans une étuve ; épuiser à longs traits la coupe des fontaines Wallace, c'est fade et peut vous refroidir à jamais.

Une idée bizarre me traverse esprit.

J'approchais d'un gros monument aux lourdes colonnes, qui semble un temple grec et fait le pendant de la tribune aux harangues.

Ce monument est la Madeleine.

Il y a bien longtemps que je n'ai mis les pieds dans ces théâtres, d'un genre tout particulier, qu'on appelle églises. Pas, que je sache, depuis mon enfance, ce temps si regretté de la poésie et des aspirations idéales.

Je *croyais* alors avec naïveté tout ce que m'enseignait le prêtre. Cet homme, pour moi, était l'Ange du Seigneur.

Mais maintenant devenu homme positif, homme de mon siècle, j'ai examiné, pesé le pour et le contre.

Ma religion catholique, à laquelle je tiens par ma mère et par toutes les fibres de mon cœur, est restée intacte ; mais, je l'avoue, elle a été plus ébranlée par le prêtre que par la haine ardente de l'impie ou les sophismes les mieux aiguisés du sectaire.

Je dis plus.

Si, nous autres hommes, ne mettons plus les pieds à l'église, si nous désertons les pratiques de la religion, de telle sorte que l'on puisse dire en toute vérité : *Dans le catholicisme il n'y a presque plus de catholiques*, la faute en est aux prêtres, oui, aux prêtres seuls.

Car, à de rares exceptions près, on ne découvre chez eux qu'ignorance, étroitesse d'esprit, pratiques ridicules, charlatanisme, luxure et sacrée soif de l'or.

Pauvre Jésus de Nazareth, si tu revenais, quelles lanières il te faudrait !

Reviens, ô toi, vrai Républicain et Homme-Dieu, ou du moins envoie des hommes qui te ressemblent et soient des pêcheurs d'hommes.

Nous sommes assoiffés de tes grandes vérités et il n'est plus personne qui puisse ou veuille nous désaltérer, nous, combattants de la vie, ardents lutteurs au plein soleil de la publicité.

Ainsi devisant, j'entrai dans le temple.

J'y rafraîchirai peut-être mon âme lassée et ma tête en feu.

Je m'enfonce dans l'ombre mystérieuse d'une petite porte bien noire, qui s'ouvre derrière la grille.

D'abord, je ne distingue rien dans l'obscurité profonde. Ce que je ressens, c'est une fraîcheur délicieuse qui rassérène mon front brûlant.

Peu à peu les ténèbres se dévoilent. J'entends dans le lointain comme le vague bruissement d'une ruche bourdonnante.

Au fond de la crypte brille, comme un phare lumineux, un vitrail éclatant des mille couleurs du prisme. J'avance à sa clarté, et je vois grandir la Vierge radieuse, s'élançant dans son ciel d'or et d'azur.

A ses pieds, les figures vivantes et transfigurées de centaines de têtes blondes. C'est la ruche bourdonnante des enfants, qui se préparent à leur première communion.

A travers la lumière de ce vitrail si splendidement éclairé, je crus voir les oiseaux de Paradis, les vrais petits Anges du Ciel.

J'étais sous le charme et dans le ravissement.

Une voix mielleuse et fausse vint tout à coup briser mon rêve et me rejeter sur la terre. Un prêtre, du haut de la chaire, parlait de communion sacrilège à ces âmes innocentes. Il les jetait toutes dans les horribles brasiers de l'enfer éternel. Puis, après avoir fait frémir et trembler ces petits êtres, cet homme, qui me semblait un histrion consommé, faisait passer sans transition son auditoire aux éclats du rire le plus fou, en racontant les histoires les plus ridicules et les plus invraisemblables que j'eusse jamais entendues.

Tantôt il s'agissait de maquignons normands avec langage du terroir et mimique appropriée, tantôt c'était une vraie scène de Polichinelle et de Guignol, imitée en perfection, il est vrai, mais qui ne semblait guère à sa place dans une église.

« Toujours les mêmes, ces comédiens ! » me isais-je, et j'allais me retirer, dégoûté d'un pareil langage, lorsque j'entendis ce pantin de la chaire s'écrier sur un autre ton :

« Assez ri, mes enfants ! Je vais terminer par » un touchant récit qui vous fera certainement » pleurer. C'est l'histoire d'un enfant qui, le jour » de sa première communion, a converti son » père. Cet enfant, je le connais intimement, car » il est maintenant l'un des curés les plus distin- » gués de Paris. »

Ce début m'intrigua.

Restons pour la touchante narration.

Le prêtre alors raconta une invraisemblable histoire que nous redirons bientôt et qui, ce jour-là, eut un véritable succès de mouchoirs. Les petites filles en avaient le hoquet ; moi-même, un instant ému, j'allais lâcher ma petite larme, lorsque je vis s'avancer vers moi l'un de mes bons amis, l'abbé Julio.

C'est un travailleur, un prêtre aux idées larges, un homme honnête et franc. Par là même il ressemble bien peu à la plupart de ses confrères, que d'ailleurs il méprise cordialement et éreinte vigoureusement dans mon journal.

L'abbé, en venant vers moi, n'avait nullement l'air ému ; un sourire moqueur plissait même le coin de sa lèvre.

— « Comment, vous ici, païen ! me dit-il. Quel » miracle ou bon vent vous amène ?

— » Et vous-même, que faites-vous là ?

— » Parbleu, j'écoute l'*illustre* prédicateur de » la retraite.

— » Ah !... dites-moi donc, quel est cet homme ? » Il m'a tout d'abord indigné par sa fausseté et » sa trivialité, j'avoue cependant que sa dernière » histoire a failli me toucher.

— » C'est sa propre histoire qu'il a racontée. » C'est lui, le petit comédien, et il l'est encore, le » drôle !

— » Oh! oh !... contez-moi ça, l'abbé.

— » Venez chez moi, mon ami, nous causerons » plus à l'aise. »

La curiosité n'est pas mon moindre défaut, et je prévoyais d'étranges révélations sur l'homme que je venais d'entendre.

Je ne me trompais pas.

— « Vous l'avez deviné, me dit l'abbé Julio, ce » curé, car il est en effet curé de Paris, ne peut » avoir le ton vrai; il est la fausseté et la lâcheté » en personne.

» Il jette de la poudre aux yeux. Pour la pre- » mière fois il peut surprendre, car il prépare de » longue main ses boniments toujours les mêmes ; » mais il ne trompe pas longtemps ceux qui le » connaissent.

» Cette histoire de comédiens, qu'il nous a dé- » bitée tout à l'heure et qui n'est qu'un conte ha- » bilement arrangé, est aussi fausse que sa per- » sonne. Je vais vous en donner la preuve à » l'instant. »

Et, ce disant, le prêtre s'en alla vers son secrétaire, y prit un cahier qu'un ruban noir attachait, et me lut en effet, *mot à mot*, tout ce que je venais d'entendre.

« Ce cahier, ajouta-t-il, contient les dernières » paroles, la dernière plainte d'un pauvre vicaire » diffamé, persécuté, brisé par la faute de cet in- » fâme curé.

» Peut-être n'était-il pas sans faute, Dieu seul » le sait; mais il n'a jamais donné de scandale, » comme certains de ses confrères bien casés et » appointés. Ce que je sais bien, moi, c'est que » son curé, par haine et basse vengeance, a ter- » riblement exagéré, s'il n'a pas inventé de toutes » pièces. En tout cas, il était le dernier qui eût » droit de lui jeter la pierre.

» Le chagrin, la maladie ont eu promptement » raison de la forte constitution de l'abbé Le Gallo » (c'est le nom de la victime). Il est mort de la » poitrine, et l'on peut dire qu'il a été froidement » assassiné par son curé. La mort même n'a pas » calmé le ressentiment de cet homme.

» Ce pauvre malheureux vicaire, dans le temps » qu'il lui restait encore quelque espoir de se » défendre, avait recueilli patiemment ces documents que vous voyez et qui font entièrement » connaître ce qu'est réellement ce curé de Paris, » mais il perdit bien vite sa dernière illusion et la » mort vint le délivrer.

» Dans les papiers qu'il m'a laissés, je les ai » retrouvés, ces documents. J'ai été tellement indigné du sot orgueil, des impudents mensonges de cet abominable curé, qui, sans cesse et » partout, se prône lui-même et vise à la popularité, que je veux enfin le démasquer publiquement.

» Ignorant comme une carpe, ambitieux comme » un sot, rampant comme un cuistre, il est un des » modèles les mieux réussis, sortis de la fabrique sulpicienne. Pour gravir l'échelle des honneurs ecclésiastiques, il commettrait tous les » crimes et marcherait sur le ventre de sa mère.

» Il a été mauvais toute sa vie : mauvais comédien, mauvais vicaire et il est encore plus mauvais curé.

» Pas un de ceux qui ont eu le malheur de se » trouver sous la main de cet homme n'a échappé » à sa bave impure, à ses odieuses persécutions.

» Vous en serez d'ailleurs convaincu par vous- » même, cher ami. Prenez ce manuscrit, je vous » livre l'homme.

— » Merci, l'abbé,... mais comment se nomme » ce méchant drôle ?

— » PASSIBONQUEÇA, curé de Saint-Joseph ! »

Ainsi parla l'abbé Julio, et j'emportai le manuscrit...

J'ai lu et j'ai fait justice du Passibonqueça, en le faisant connaître tel qu'il est à tout le monde.

C'est un devoir de fustiger la lâcheté, de démasquer l'hypocrisie.

Comme moi, lecteur, tu détestes le mensonge et la bassesse. Or, ce curé, de la tête aux pieds, en est pétri.

J'ai lieu de croire que tu partageras mon indignation.

Lis, et tu jugeras.

E. H., journaliste.

MANUSCRIT

DE

L'ABBÉ LE GALLO

DÉDICACE

A

MONSEIGNEUR RICHARD

Archevêque de Paris

A vous, ancien Vicaire Général de Nantes, qui avez fait mourir de chagrin, par vos dénonciations et vos calomnies, votre bienfaiteur, Monseigneur Fournier :

A vous, ex-évêque de Belley, cordialement détesté par le diocèse tout entier, prêtres et fidèles ;

A vous, archevêque de Larisse in partibus, qui, vous abritant derrière l'autorité cardinalice, avez fait préjuger, par vos nombreuses victimes et la stupide administration qui vous a toujours distingué, ce que devait être pour le diocèse de Paris le tortionnaire de demain ;

A vous, qu'un gouvernement imbécile, et qui n'a de républicain que l'étiquette, a accepté, au mépris de la loi, comme archevêque de Paris ;

A vous, ignorant, hypocrite et fanatique ultramontain, qui voulez acheter le chapeau rouge au prix d'une tiare jubilaire payée par les dévots ;

A vous, Monseigneur Richard, l'homme au sourire toujours idiot,

Je dédie ces pages, exacte portraiture d'un de vos curés, parvenu, comme vous, par la bassesse et la délation et que vous soutenez, au mépris de tout droit et de toute justice, parce qu'il vous ressemble.

Bien des fois, moi, pauvre et humble prêtre, je vous ai démontré mon entière innocence contre les allégations de mon indigne curé, de l'infâme Passibonqueça!

Vous avez été convaincu et me l'avez avoué.

Cependant vous n'avez rien fait pour me rendre justice.

Votre paternelle houlette m'a brisé, jeté dans la poussière.

Vous vous êtes trompé en me brisant, mais brisé je resterai.

L'autorité ne doit jamais avoir tort.

Que l'on touche, ne serait-ce qu'une fois, à cette arche sacro-sainte, tout, selon vous, est perdu.

Périssent tous les prêtres, plutôt que ce principe!

A l'abri de ce bouclier, un curé, fût-il le dernier des bandits, peut tout oser.

Passibonqueça en est l'éclatante preuve.

Moi et beaucoup d'autres sommes les victimes de cet homme.

Et vous, Monseigneur, qui le connaissez et le laissez faire, vous êtes encore plus coupable.

Avec bonheur vous accueillez ses odieuses calomnies. Sans examen, sans enquête, vous jetez brutalement sur le pavé un honnête homme, l'abandonnant sans ressource aucune ; par l'interdit, vous le discréditez publiquement et lui fermez toutes les portes. Vous ne lui laissez d'autre alternative que de mourir de faim ou de se jeter à l'eau.

Si, pauvre écrasé que je suis, je viens à vous, il faut que je m'aplatisse et m'anéantisse devant Votre Grandeur ; il faut que je reconnaisse ce que je n'ai jamais fait ; il faut (supplice atroce !) que j'entende sans broncher vos longues et pâteuses jérémiades. A ces conditions, vous me promettez ce que vous appelez une réhabilitation.

Elle n'est pas venue et ne viendra jamais.

Ah ! prenez garde, Monseigneur, je comprends les désespoirs d'un Verger, d'un Galeote, de tous les vengeurs du présent et de l'avenir. Vous amassez sur votre tête des colères grossissantes.

Mais ne craignez rien de moi. Je ne le veux pas, et, quand même je le voudrais, je ne le pourrais plus.

Si j'étais réellement coupable, cela vaudrait mieux pour moi, car vous me craindriez alors. Ne serais-je pas capable de tout ?

« Vite, jetons-lui un os à ronger », diriez-vous. Mais, vous le savez, un honnête homme, injustement accusé, n'ira jamais à de telles extrémités.

Tranquillisez-vous donc.

Je m'enveloppe d'un pli de mon manteau et je meurs.

Oui, je meurs, frappé par vous dans ma foi, dans mon caractère de prêtre, dans ma dignité d'homme. En moi la douleur a brisé les derniers ressorts de la vie, le chagrin m'a miné et ma poitrine épuisée exhalera bientôt son dernier souffle.

Ce sera la délivrance !

Ces pages que je vous dédie, Monseigneur, forment la biographie de Passibonqueça, votre créature.

Je les ai écrites froidement, et en face de la mort, pendant les jours de mon désespoir. Elles ont été ma seule consolation, peut-être un jour seront-elles mes justificateurs auprès de ceux qui m'ont aimé.

J'ai voulu vous faire connaître ce qu'est l'accusateur et le degré de confiance que vous deviez avoir en lui.

Mais à quoi bon cette preuve ?

La donner, ce serait croire encore qu'il reste en vous quelque ombre de justice.

Or, je ne crois plus à vous ni à rien.

C'est vous, Monseigneur, qui m'avez tué, et le bourreau a été Passibonqueça.

Soyez maudits tous deux !

Oh ! la malediction d'un prêtre, je le sais, vous

touche peu, mais elle n'en pèsera pas moins lourdement sur vous, car bientôt là-haut, s'il y a un juste juge je le trouverai et c'est lui qui me vengera.

Adieu!

L'ABBÉ LE GALLO.

HISTOIRE

DE

PASSIBONQUEÇA

HISTOIRE

DE

PASSIBONQUEÇA

CHAPITRE PREMIER

COMMENT PASSIBONQUEÇA DÉBUTE SUR LE THÉATRE DE LA VIE

Pour bien connaître les commencements de Passibonqueça, nous n'avons qu'à l'écouter lui-même. Comme il ne pense qu'à lui ; que, sans cesse dans ses conversations particulières ou ses sermons, il parle de lui, nous ne saurions puiser à meilleure source les renseignements les plus intimes sur sa personne et son passé. Seulement, comme bien on pense, c'est avec les couleurs les plus outrageusement flattées qu'il se représente : il était un enfant phénomène, un jeune homme modèle, un parfait vicaire et il est encore le plus saint des curés.

Nous verrons qu'il en faut singulièrement rabattre.

Mais de ces histoires si personnelles résulte pour nous un précieux avantage, c'est que nous recueillons de sa bouche même des détails que nul autre ne saurait nous fournir. En faisant la part de l'évidente exagération, en contrôlant ses assertions ultrà-fantaisistes, en remontant aux sources authentiques, en consultant les témoins des faits, nous sommes parvenus à reconstituer pièce à pièce la vérité tout entière.

Elle est si édifiante la vie de ce nouveau Vincent de Paul du faubourg du Temple, que pour tout au monde nous ne voudrions en priver nos contemporains. Nous n'attendrons même pas sa mort pour dresser à ses mérites un digne piédestal. Nous parions cent francs contre un sou que cette petite biographie contribuera puissamment à la future canonisation de saint Passibonqueça!

Cette biographie, dira-t-on, est un pamphlet, une œuvre de vengeance, une œuvre de passion.

Oui, c'est un pamphlet, mais aussi un coup de lanière sur le dos de ce Tartufe.

Oui, c'est une œuvre de vengeance, mais aussi une œuvre de justice pour le présent et de sauvegarde pour l'avenir. Je n'ai qu'un regret, c'est de ne pas vivre assez longtemps pour assister à cette exécution.

Oui, c'est une œuvre de passion, mais aussi une œuvre de vérité. J'en prends à témoin les vicaires passés et présents de Saint-Joseph, qui ne me démentiront pas. Tous, sans exception, tous, entendez-le bien, ont déposé, avec un zèle empressé, une inexprimable ardeur, au tribunal de notre enquête privée, heureux de contribuer à la glorification d'un *si bon* pasteur. Ils ont témoigné avec un touchant ensemble sur la vie héroï-comique, sur les vertus crapuleuses et les miracles d'ignorance et de sottise de l'onctueux Victor.

Ecoutons donc Passibonqueça racontant lui-même, dans une retraite de communion, quels furent ses premiers pas dans la vie.

Ce récit est d'une grande exactitude pour le fond, nous n'y mettrons pour notre part qu'un peu de style et de français, ce dont Passibonqueça est totalement dépourvu; nous éviterons aussi la répétition de certains mots ou de phrases toutes faites qu'il affectionne particulièrement, comme les *par conséquent*, *Dieu qui sonde les cœurs et les reins*, *pénétrés de ces sentiments*, et autres rengaînes que tout le monde connaît.

« Mes chers amis, je vais vous raconter l'his-
» toire bien touchante d'un jeune enfant nommé
» *Charles*. Le jour de sa première communion, il
» obtint par ses prières la conversion d'un père
» qu'il chérissait tendrement, mais qui malheu-
» reusement, depuis longues années, était éloigné
» du bon Dieu. Ce petit Charles, je l'ai intime-
» ment connu; c'est lui-même qui m'a raconté son
» histoire. Il est maintenant l'un de mes confrères
» les plus *vénérés* de Paris.

» Son père était un habile et célèbre artiste du
» théâtre de la Porte-Saint-Martin. Or, dans une
» de ces soirées, où le public chaque soir l'applau-
» dissait avec fureur, il avait remarqué une jeune
» fille admirablement belle, dont l'air modeste lui
» avait plu singulièrement.

» Elle avait cette douce ingénuité, cette grâce,
» qui vous distingue, mes chères petites filles
« qui m'écoutez, et non pas cet air évaporé de
» celles qui courent les rues.

» L'artiste charmé la suivit un soir jusqu'à
» sa demeure, demanda des renseignements et
» apprit qu'elle était une ouvrière laborieuse et
» sage. Il se fit agréer et quelque temps après
» l'épousa.

» Les premières années de leur union furent
» une lune de miel continue. *Lui* était économe

» et rangé ; *Elle*, fière du talent de son mari, le re-
» gardait comme un dieu.

» Un enfant survint : un petit garçon. Il aurait
» dû resserrer les liens qui les unissaient, ce fut
» le contraire qui arriva. Un artiste ne compte
» pas la constance au nombre de ses vertus. Cinq
» ans d'un paisible ménage semblent déjà, dans
» l'espèce, un assez rare phénomène. Ces artistes
» ont tant d'occasions dangereuses, des admira-
» teurs si passionnés !

» Bref, il vola à de nouvelles amours, et sa
» femme, justement froissée de se voir ainsi
» abandonnée pour d'indignes créatures, essaya
» d'abord quelques timides reproches, qui furent
» mal accueillis. Les plaintes devinrent de plus
» en plus acrimonieuses ; suivirent bientôt des
» scènes de jalousie, d'une part, et des violences
» sans nom, de l'autre. La vie commune devint
» impossible, et la pauvre mère désolée dut quitter
» le domicile conjugal de la rue de Bondy, pour
» aller demeurer avec son enfant rue de Massillon.

» Là, elle gagnait péniblement son pain et celui
» de son enfant, en se livrant à des travaux de
» couture, quelquefois bien avant dans la nuit ;
» mais elle était consolée par la présence de son bien
» aimé petit Charles, à qui elle apprenait à prier.

» Hélas ! ce dernier bonheur lui fut ravi : la loi

» impitoyable en prononçant la séparation de ceux
» que Dieu avait unis, lui enlevait en même
» temps son cher trésor. Le père reprenait son
» fils et le faisait monter avec lui sur les planches
» pour y jouer les rôles d'enfants.

» Il s'en acquitta à merveille. Le petit Charles
» était si mignon avec sa blonde chevelure toute
» bouclée et son gracieux costume de prince ; il
» était vraiment gentil à croquer ! Toutes les comé-
» diennes se le disputaient et le mangeaient de
» baisers.

» Il excellait dans ses rôles par sa prodigieuse
» mémoire et par ses gestes aussi naturels que ra-
» vissants. On accourait de tout Paris pour le voir
» et l'entendre, on le couvrait de fleurs et d'applau-
» dissements. Le théâtre, à cause de lui, faisait de
» magnifiques recettes et le père était fier des
» succès de son fils.

» Quant à la pauvre mère, entièrement oubliée,
» elle végétait toute seule dans son humble man-
» sarde.

» Au bout d'un an, elle succombait sous le poids
» de la fatigue et du chagrin ; elle s'étendait sur sa
» couche solitaire, heureuse de terminer une vie
» de larmes et de douleurs, mais ayant au cœur
» un amer regret : celui de ne pas voir avant de
» mourir son Charles adoré.

» — Mon Dieu ! mon Dieu ! s'écriait-elle, faites » que je revoie mon enfant !

» C'était sa prière continuelle, elle ne savait » dire autre chose. Les charitables voisines, qui » la soignaient dans sa détresse, en pleuraient à » chaudes larmes.

» On était allé chercher le mari. Impitoyable et » sans entrailles, il refusait d'aller voir sa femme » mourante et même de lui renvoyer son enfant.

» La concierge de la rue Massillon, qui s'était » attachée à la malade, à cause de sa douceur et » de sa gentillesse, apprend cet incroyable re- » fus. Une pareille insensibilité est-elle possible ? » Est-ce que devant la mort tout ne s'oublie » pas ?

» Dans sa tête germe une résolution virile » qu'elle ne communique à personne. Elle part » pour le théâtre et prend un billet pour la célèbre » pièce du *Prince Charmant*, qu'on y jouait à » cette époque.

» Après le premier acte où, comme tout le » monde, elle admire et applaudit le beau petit » prince, elle se glisse sous un prétexte quelcon- » que jusqu'au foyer des artistes, s'approche du » jeune Charles, lui dit que sa mère mourante le » réclame à grands cris et que lui si bon ne refusera » pas à une mère chérie cette consolation su-

» prême, mais voudra l'embrasser encore une
» dernière fois.

» Le pauvre enfant, qui ne savait rien, se met à
» sangloter.

— » Comment faire? dit-il, papa ne me laissera
» pas partir et le second acte va commencer.

— » Ne pleurez pas, mon enfant, dit la brave
» femme, il ne faut pas qu'on nous voie en-
» semble. Le temps est précieux... dites... vou-
» lez-vous voir votre mère?

— » Oui.

— » Alors, écoutez...

» Et elle explique à Charles comment il peut
» venir tout doucement et sans ostentation jus-
» qu'à la porte du foyer, qui conduit aux couloirs
» extérieurs.

» Là, tout est dans l'obscurité. Elle l'enveloppe
» vivement d'un grand châle qui le recouvre tout
» entier, puis elle se sauve avec son précieux far-
» deau vers une voiture de place, qui part aussi-
» tôt au galop.

» Quelques minutes après, on s'apercevait de
» la subite disparition de Charles. Dire le désor-
» dre qu'elle causa ce soir-là au théâtre, le désap-
» pointement du régisseur, les murmures de la
» foule, la fureur et le désespoir du père, est im-
» possible à décrire. On ne put continuer la pièce.

» faute du principal acteur, et la police fit de » vaines recherches pour découvrir les auteurs de » l'enlèvement.

» Pendant ce temps le jeune Charles, sur le lit » de sa mère, l'embrassait étroitement, en lui » promettant de ne plus la quitter.

» Cette surprise inespérée, cet immense bon» heur, que les mères seules peuvent comprendre, » causa dans l'état de la malade une telle réaction, » que le lendemain elle était hors de danger. Les » baisers de son enfant avaient opéré le plus » grand des miracles : ils l'avaient ressuscitée.

» Mais il fallait fuir pour ne pas perdre son » trésor recouvré. C'est ce qu'elle fit, en allant se » cacher à Suresnes sous un nom supposé. Charles » vivait près de sa mère en enfant soumis et res» pectueux ne regrettant ni ses beaux habits d'au» trefois, ni les applaudissements enivrants de » la foule. Chaque soir la mère et l'enfant priaient » pour celui que, malgré tout, ils aimaient encore.

» Vint le jour de la première communion, faite » avec une angélique ferveur. Comme vous le » pensez bien, mes chers enfants, Charles avait » redoublé ses plus ardentes prières pour le » pauvre père tant éloigné de Dieu et qui man» quait à la fête de son cœur. Durant sa retraite, » il était allé jusqu'à faire le sacrifice de sa vie,

» ou du moins il faisait vœu de se consacrer en-
» tièrement à Dieu, s'il obtenait la conversion
» de ce père chéri.

» Voyez la puissance de la prière, mes enfants!
» Le soir même de sa communion, sa mère re-
» cevait une *dépêche.* »

Une dépêche en 1830!... et puis, si la mère se cache sous un faux nom, comment le mari peut-il connaître sa retraite?

Bah! n'y regardons pas de si près et continuons l'histoire :

« Or, cette dépêche apprenait que le grand
» artiste de la Porte-Saint-Martin allait mourir.
» Il envoyait son pardon en demandant le sien ;
» mais, en grâce, il voulait revoir sa femme et
» son enfant.

» Une femme a le cœur tendre et oublie tout
» sous une parole d'amour. Elle part aussitôt
» avec son Charles, et la voici, toute baignée de
» larmes, au chevet de son mari mourant.

— » Mon père, mon cher petit père, s'écrie
» l'enfant qui, dans son costume de communiant,
» avec son joli brassard au bras, avait l'air d'un
» ange, papa, nous ne te quitterons plus... c'est
» maman et ton petit Charles qui t'aiment bien

» tous deux... Va, aujourd'hui, tu manquais bien » à mon bonheur... aujourd'hui, comme tu vois, » j'ai fait ma première communion... oh! je » t'en prie, papa, fais aussi ta première commu- » nion... tu ne refuseras pas ton enfant...

» Et le père pleurait en embrassant son enfant » et il dit tout bas :

— » Oui,... un prêtre !...

» Le soir même, un prêtre venait, apportant le » saint viatique.

» Une heure après, le dernier soupir du mou- » rant s'exhalait sur les lèvres de son épouse » retrouvée.

» Charles, à genoux, priait... et pleurait dou- » cement...

» Jamais, non, jamais, le souvenir de cette » émouvante scène ne quitta le cœur du jeune » homme.

» Bientôt, selon sa promesse, il entrait au sé- » minaire. Maintenant, comme je vous l'ai déjà dit, » il est un des *meilleurs* et des plus *aimés* curés » de Paris. »

Cette histoire, Passibonqueça la redit toujours aux retraites de première communion, qu'il prêche chaque année ; elle fait partie de son répertoire. Nous sommes donc sûrs de la répéter fidèlement, sauf quelques détails qui changent selon les lieux et les circonstances. Tantôt le jeune Charles a des sentiments aristocratiques, tantôt il a des manières populacières. Cela dépend de l'auditoire.

Hein ! n'est-ce pas touchant et ne pourrait-on pas se laisser prendre aux étonnantes fioritures, aux savants trémolos de cet habile comédien ?

Mais c'est là le roman.

La vraie histoire, la voici en deux mots dans toute sa brutale vérité.

Passibonqueça Victor, et non pas Charles, est le fils d'une cabotine fort connue par ses débordements. Il est plus difficile de dire quel est son vrai père : le diable sur ce point y perdrait son latin. En effet, la maman Dorothée n'avait pas volé, paraît-il, son surnom de *la Gaillarde*. Elle était de Beaugency, où les filles, dit-on, ne passent pas précisément pour frileuses.

Une aventure, plus scabreuse que les autres et dont le baron de Macquerie fut le triste héros, la força de déloger sans tambour ni trompette. Elle partit pour Paris, n'emportant pour bagage que la malédiction paternelle.

Là, elle retrouva un sien cousin, Nicolas Baudon, comparse de douzième classe dans un petit théâtre à quatre sous. Sous la haute protection du cousin, et peut-être aussi à cause de ses beaux yeux, la Gaillarde fut agréée comme figurante.

Comme elle avait tout ce qu'il faut pour l'emploi, elle s'en acquitta fort bien, et du rôle muet, ainsi que des charges y annexées. La preuve en est que huit mois après son arrivée dans la capitale, en 1819, elle ménageait au petit Victor une brillante entrée dans le monde des cabotins, à travers le pétillement du champagne et les lazzis d'une douzaine de bons compagnons, tous amis intimes de la maman, et qui, tous, voulaient être parrains du marmot.

Passibonqueça est donc enfant naturel. Ce n'est pas un déshonneur, mais c'est lâcheté à lui d'en rougir et de mentir effrontément en répétant sans cesse qu'il descend d'une riche et noble famille.

Si réellement coule dans ses veines quelque sang bleu, avouons qu'il est rudement mâtiné.

Nicolas, le maréchal-des-logis-chef pour le moment, refusa d'endosser une paternité si douteuse.

et, pour dire la vérité, la Gaillarde ne songea même pas à le lui demander.

Une comédienne qui se permet un enfant n'est plus bonne à cabrioler sur les planches. Le directeur la remercia ; et Nicolas aussi, l'ingrat !

La Gaillarde n'en fut pas troublée, elle était rusée et pas trop décatie. Elle fit tant des pieds et... des jambes, qu'elle devint première ouvreuse et *fac-totum* de l'établissement théâtral. Voilà pour la soirée. Le jour, voire même la nuit, quand besoin était, dans son petit *bouis-bouis*, voisin du théâtre, elle logeait à pied et à cheval ces bons provinciaux, qui viennent à Paris « pour rigoler un brin ».

Il n'y a pas de sot métier.

Au bout d'une dizaine d'années, elle avait assez d'économies pour donner un regain d'amour au vieux cabotin, dont le rogomme avait tant soit peu éraillé la voix et détérioré le physique. La Gaillarde, qui n'était pas bête, y voulut cette fois tous les sacrements. Tous deux furent enchantés, Nicolas de sa retraite capitonnée et Dorothée d'avoir un papa pour « de bon ».

C'est ainsi qu'ils firent une fin honnête et eurent beaucoup d'enfants.

Pendant ce temps, le petit Victor grandissait

comme un jeune champignon. Il ne ressemblait en rien à sa mère pour la gaillardise, maís on l'admirait pour la souplesse de son échine et sa longue chevelure d'or. Il joua pendant plusieurs années (puisque sa maman faisait flèche de tout bois) les Cupidons et autres rôles de ballets, pour lesquels le jeune Victor montra en effet une aptitude surprenante pour son âge. Avec son carquois en papier doré et ses petites ailes frémissantes, il était un vrai chérubin d'amour, la coqueluche de ces dames.

Passibonqueça ne nous trompe donc pas, quand il nous donne des détails si précis sur ses débuts théâtrals. Seulement l'histoire de la séparation, de l'enlèvement et de la conversion paternelle est sortie toute neuve de sa féconde imagination.

Le reste frise d'assez près la vérité. Le ménage Raudon-Passibonqueça fut en effet un ménage à la diable. Nicolas s'en consola, en faisant une brèche profonde au magot qu'il avait épousé. Il fit tant et si bien, qu'un beau matin l'apoplexie le foudroya net, délivrant ainsi Dorothée de sa ration quotidienne de coups de poings, qu'elle rendait d'ailleurs avec une égale générosité.

La veuve et l'enfant se retirèrent près du grand-père, qui leur tendait les bras.

Suivant la coutume des vieilles cascadeuses qui désirent faire oublier leurs scandaleux écarts, l'ex-Gaillarde tomba dans tous les excès de la dévotion. C'est aux ministres des autels qu'elle consacra les restes d'une ardeur qui ne s'éteignit jamais. Elle mourut doucement, en extase, d'une indigestion de goupillons.

Dieu ait l'âme de cette vaillante!

Selon la parole de son fils, qui, plein des souvenirs maternels, aime à redire avec tant de complaisance et d'une façon si curieuse l'histoire de la Madeleine ou celle de la femme adultère : Il lui sera beaucoup pardonné, parce qu'elle a beaucoup aimé !

Multùm et multos dilexit!

CHAPITRE II

COMMENT PASSIBONQUEÇA DÉLAISSE LE COTHURNE POUR ENDOSSER LA NOIRE LIVRÉE

Grand-papa Passibonqueça, horloger de son état, voulut apprendre au jeune Victor un métier honnête. Il le força de s'asseoir à son établi pour lui enseigner les secrets du grand ressort.

Mais la qualité maîtresse de Victor ne fut jamais la précision. Il faut pour cela trop d'attention et d'esprit de suite. Or, cette petite linotte avait toujours le nez en l'air; impossible de fixer cet esprit volage.

Le grand-père, n'en pouvant rien faire, le plaça chez un de ses vieux amis, cordonnier de son état. L'ex-petit prince Charmant, profondément humilié de tirer le ligneul, se fit bientôt renvoyer honteusement.

L'enfant avait goûté des planches, il fallait un théâtre plus vaste à sa jeune ambition et à son goût inné pour l'intrigue.

— « Je serai riche et fainéant, se dit-il. »

C'est ainsi que se manifesta dans cette jeune âme, dépourvue de naïveté, la vocation ecclésiastique.

Doux comme une chatte, insinuant comme un furet, il plaisait à tout le monde et se glissait partout. Il eut bientôt ses entrées dans un château voisin, où l'on croyait avoir quelque raison de le regarder comme étant de la famille. Madame la baronne patronna le jeune homme, paya son éducation première et l'envoya commencer ses études à Paris, dans l'école dirigée alors par M. l'abbé Legrand, lequel plus tard devait le demander comme vicaire.

Pour les gens sans cœur l'ingratitude est précoce.

C'est de cette monnaie qu'il paya sa dette de reconnaissance. La bonne dame croyait travailler pour Dieu et le salut des âmes. Ah! si elle avait su combien il en devait perdre, comme elle aurait étranglé cette petite vermine!

Ecoutons encore Passibonqueça redisant les

hauts faits de sa jeunesse. C'est amusant au possible.

« Jamais grand seigneur ne fut plus choyé
» que lui; il avait tout à souhait; Jupiter n'était
» pas son cousin... S'il a délaissé tous les biens
» de ce monde; s'il n'a pas suivi la carrière des
» armes pour laquelle il semblait né (or, Passi-
» bonqueça est capon comme un lièvre); s'il a
» dédaigné les plus hautes situations de la ma-
» gistrature et de l'Etat, auxquelles par ses
» talents et ses mérites il avait droit de préten-
» dre, c'est qu'il sentait dans son cœur un irré-
» sistible appel pour se dévouer au salut des
» âmes... etc....

» TOUT POUR DIEU ET LES AFFLIGÉS ! »

Telle est sa devise, qu'il glisse à propos et hors propos dans ses élucubrations oratoires, qu'il place en tête de ses épîtres, qu'il fait imprimer partout.

Passibonqueça possède ainsi une douzaine d'idées, qui sont toute sa science et le fond de son esprit.

Nous y reviendrons.

Mais laissons-le parler lui-même.

Se revoir en scène, relire ses paroles, publier ses histoires, c'est, malgré tout, lui procurer un extraordinaire plaisir.

Soyons généreux.

« Voici, mes enfants, un exemple frappant de » la grande confiance que nous devons avoir en la » Providence divine.

» J'ai été jeune comme vous, gentil comme » vous, avec une belle petite chevelure frisée, » ondoyant sur mes épaules. Maintenant brisé » par les fatigues d'un laborieux ministère dans » une paroisse de cinquante-cinq mille âmes, » je me sens courbé sous le poids des ans; mais » mon âme est toujours pleine pour vous d'un » zèle dévorant. »

Il dévore vingt mille francs par an !

« *Tout pour Dieu et les affligés !* voilà ma de- » vise, mes chers amis.

» J'allais donc, comme vous, mes petits enfants, » à l'école, frais et joyeux, l'œil vif et émerillonné, » faisant un peu l'école buissonnière, mais » aimant le travail par-dessus tout, parce que je » voulais devenir savant, pour vous instruire plus » tard.

» Mais oui, mes enfants, je pensais à vous, je
» voulais déjà devenir curé de la grande capitale,
» d'une paroisse bien populeuse et bien pauvre,
» afin d'y vivre et d'y mourir en faisant le bien. »

Blagueur! Il n'est pas une *bonne* paroisse de Paris, qu'il n'ait quémandée avec larmes. Son désespoir le plus amer est d'être enterré pour jamais dans un *si sale* faubourg.

C'est ainsi qu'il parle aux intimes.

Mais ici il pose pour la galerie, et son amour de la pauvreté fait bien dans le tableau.

« Je disais donc que j'allais à l'école. Vous le
» savez, la petite bourse d'un écolier n'est pas
» trop garnie, et pourtant il me fallait du papier,
» des plumes, et surtout un encrier comme celui
» des camarades.

» Comment faire?... Je priais la Sainte Vierge
» de venir à mon secours, et je m'en allais, les
» yeux baissés et l'âme triste... Qu'allaient dire
» les camarades?... Comment travailler et faire
» des progrès sans les outils indispensables?...

» Tout à coup, je vois, dans le lointain, au pied
» d'un arbre, un objet brillant!... Qu'est-ce que
» c'est que ça?... Si le camarade, qui va devant
» moi, allait le prendre... Mais non, il passe... il

» est passé... Et je continuais ma prière, en pre-
» nant ma médaille...

— » Sainte Vierge, disais-je tout bas, venez à
» mon secours !... ne m'abandonnez pas ?...

» J'approche... Si c'était une pièce?...

» Eh ! oui, c'en était une, et une belle pièce de
» cinq francs toute neuve, que la bonne Vierge
» m'envoyait pour moi tout seul... Je me baisse...
» je saute dessus... et je prends la bienheureuse
» pièce, en disant ;

— » Merci, Marie !

» Puis j'achetai un bel encrier tout flambant,
» tout brillant, du papier, des plumes, des livres,
» tout ce qu'il faut pour travailler.

» Vous voyez bien que Dieu protège les siens
» et ne les abandonne pas.

» Vous aussi, mes enfants, etc., etc... »

Suit une morale appropriée à la *haute moralité* de l'histoire.

Encore une dernière... et nous connaîtrons l'homme et sa manière de dire :

« J'étais un grand jeune homme fier et droit,
» je montais à cheval en perfection, j'avais une
» belle badine à pommeau d'argent et des bottes
» vernies.

» Vous m'excuserez, mes amis, si je vous parle
» ainsi de moi, car alors, tout en songeant à me
» faire prêtre, à cause des grands sentiments re-
» ligieux dans lesquels ma *pieuse* famille m'avait
» élevé, j'étais dans l'effervescence de mes vingt
» ans, voyant tout en rose.

» Les carrières les plus brillantes s'ouvraient
» devant moi ; mais déjà, sérieux et réfléchi, je
» voulais me consacrer tout entier au service du
» Seigneur, pour venir au secours *des pauvres et*
» *des affligés !* »

Allons, la voilà bien amenée la fameuse devise !

« J'étais à la veille du jour où j'allais être
» appelé à payer ma dette à la patrie. Je m'étais
» juré que, si je tombais au sort, personne ne
» partirait pour moi. Ne serait-ce pas la preuve
» que Dieu m'appelait au noble métier des
» armes, pour lequel, depuis ma tendre enfance,
» je me suis toujours senti un irrésistible attrait ?

» *Tout pour Dieu et la Patrie !*

» Vous le savez, mes chers enfants, c'est ma
» devise. »

La devise numéro deux.

« *Car à tout cœur bien né que la patrie est chère !* »

Devise numéro trois.

Il lui en faut de rechange.
Un vrai curé-mirliton !

« Tout enfant, j'aimais à jouer au soldat, à manier des sabres, des fusils, et j'aurais fait, je crois, un bon capitaine ! !
» Eh ! oui, mes amis, j'aurais pu continuer, si je l'avais voulu, les hautes études que j'avais commencées à l'école polytechnique... »

Menteur !

« ... avoir, au lieu de ce costume sévère du prêtre, les grains d'épinards et la croix des braves, gagner des batailles ! ! !... »

Diantre ! quel foudre de guerre !

Quiconque connaît le pacifique Victor partira, en l'entendant ainsi parler, d'un immense éclat de rire.

Cependant, entendons-nous bien, la suite nous fera voir qu'il est devenu en effet *capitaine*, mais un capitaine de drôle espèce !

« Si au contraire, continue notre héros de pacotille, j'attrape un bon numéro, c'est un signe

» du Ciel qui m'appelle à la sublime vocation de » prêtre.

» Vous pensez comme je priais et comme mon » cœur était inquiet !

» Ma *bonne* mère, ma *chère* mère m'avait cousu » une médaille dans ma jaquette, et, le lendemain » lorsque j'entrai dans la salle du tirage, j'en » avais dans la main une autre bénite.

» Vous savez ou vous ne savez pas qu'on tire » par ordre alphabétique.

» Ceux qui tiraient avant moi avaient presque » tous des bons numéros.

— » Sainte Vierge ! disais-je, en serrant très » fort ma médaille, secourez-moi... éclairez ma » vocation, si vous voulez que je vous serve...

» Enfin on appelle les P :

— » Passibonqueça (Victor) ?

— » Présent !

» J'approche d'une grande urne, je plonge la » main droite qui tenait la médaille... je ren- » contre deux ou trois billets... Lequel est le » bon?... Je les prends les uns après les autres...

— » Allons, dépêchez-vous, me dit une grosse » voix.

» Je tire subitement un numéro... on dépouille » le billet, et on lit... Mon Dieu ! quelle angoisse !... » on lit... le plus haut numéro !... 100 !

» C'est ainsi, mes enfants, que se décida ma » vocation ecclésiastique. »

Rétablissons les faits.

Passibonqueça, ayant essayé trente-six métiers sans réussir dans aucun, mais craignant surtout de porter les armes, car il est peureux comme la lune, s'engagea dans la milice sacrée, qui favorisait mieux ses goûts de paresse et de lâcheté.

En effet, il avait vingt et un ans, lorsqu'il entra au petit séminaire de Saint-Nicolas-du-Chardonnet. Tous ses condisciples se souviennent encore de ce grand niais, qui ne put jamais apprendre deux mots de latin et fut constamment le dernier de son cours. Mais il paraissait si doux, si bon, et supportait avec une si angélique patience les quolibets et les bonnes farces des petits camarades, que les supérieurs passèrent sur cette infériorité intellectuelle. Il en saurait toujours assez pour dire la messe.

M. Dupanloup lui-même, trompé par l'hypocrite bonhomie de Passibonqueça, lui confiait les nouveaux venus timides, pour les former à la sainte vertu ! ! !

A vingt-cinq ans, il entre au grand séminaire de

Saint-Sulpice. Là, sans se préoccuper beaucoup d'une théologie qu'il ne put jamais comprendre, il sut s'approprier avec une merveilleuse aptitude les *moëlleux* conseils des madrés Sulpiciens sur la direction des âmes et l'art de tirer parti des fréquentations mondaines.

Qui potest capere, capiat !

Passibonqueça fit tout de suite l'application de ces bons petits principes, car, à force de souplesse, il parvint à se faire nommer directeur du catéchisme. Il y apprit l'art de parler deux heures pour ne rien dire, et, si l'on en croit la tradition, la manière de cultiver les lèvres roses et les yeux bleus.

Il avait toutes les vertus de son état, ce visqueux Rodin !

Mais glissez, mortels, et n'appuyez pas.

Pendant les vacances du séminaire, comme il n'avait pas le sou (je le répète, ce n'est pas un déshonneur, mais pourquoi, diable ! dit-il qu'il était si riche et d'une grande famille ?) on lui procura des préceptorats fructueux, afin qu'il pût payer ses soutanes et avoir quelque argent de poche.

J'ai dit préceptorat, je me trompe, car Passibonqueça était incapable d'enseigner quoi que ce soit. Ses fonctions consistaient uniquement à conduire ses élèves à la promenade ou au cabinet... de lecture.

En revanche, il sut cultiver avec soin et habileté les grandes relations que le hasard lui procurait.

L'araignée ourdissait patiemment sa toile. Ce ne sont pas les mouches qui lui feront défaut.

C'est ainsi qu'il connut la comtesse de Gano, la princesse de Baffretout, si célèbre par ses galantes aventures. Passibonqueça était à bonne école, mais la hautaine princesse avait trop bon goût, pour abaisser ses yeux jusqu'à ce petit abbé aux rouges cheveux, au regard si humble, à la démarche si rampante. Elle devait dans l'avenir mieux apprécier ses talents.

En effet, son mari, tout le monde le sait, fut un rude viveur. Un jour, il tomba gravement malade, et ce vieux diable, pensant qu'il était temps de se faire ermite, fit appeler Passibonqueça alors vicaire.

Quelle aubaine ! Une conversion *di primo cartello* !

Passibonqueça sut admirablement en profiter et dans le public et près de Madame la Princesse. Il devint le commensal, l'homme nécessaire.

Il avait donc enfin un pied dans le camp des vieilles douairières. Avec un peu d'habileté, il saurait pousser plus avant.

Ce fut dans ces saintes dispositions que l'abbé Passibonqueça, âgé de vingt-neuf ans, reçut le caractère sacerdotal.

Il était armé en guerre pour les intrigues de coulisse, les escarmouches de boudoir et les courbettes d'antichambre. Il pouvait sans crainte aspirer aux grandeurs, et, dans son for intérieur, ce jeune ambitieux comptait bien en gravir tous les degrés sans exception.

Nous allons le voir à l'œuvre.

CHAPITRE III

PASSIBONQUEÇA A L'ASSAUT DES HAUTEURS CLÉRICALES [1]

Passibonqueça, jeune prêtre tout frais émoulu, porta les prémices de son zèle dans je ne sais trop quel trou de la banlieue, à Montreuil, je crois, pays des pêches et des pécheresses à la peau veloutée. Mais, grâce à ses manières insinuantes et aux belles connaissances ci-dessus

1. L'abbé Le Gallo oublie sans doute, dans ce chapitre, maintes particularités intéressantes de la vie ecclésiastique de Passibonqueça. Qu'on ne lui en veuille pas. Il a fait son possible pour renseigner le lecteur. Si quelque personne connaissait d'autres épisodes inédits et authentiques sur le passé de ce curieux personnage, qu'elle s'adresse à nous. Avec empressement nous l'accueillerons et nous encadrerons avec bonheur ces récits nouveaux dans une prochaine édition populaire et illustrée.

L'Abbé Julio.

relatées, il fut nommé vicaire à Saint-Germain l'Auxerrois.

C'était un beau début dans la carrière et il n'en fut pas peu fier.

A la tête de cette paroisse il y avait comme curé M. Legrand qui s'y trouve encore aujourd'hui; et l'un des vicaires était Verger, ce prêtre devenu célèbre par l'assassinat de Mgr Sibour, archevêque de Paris.

En écrivant ce nom de Verger, je ne puis m'empêcher de frémir. En vérité, je réprouve son crime, car il n'est pas permis de se faire justice soi-même. En s'érigeant ainsi comme juge et exécuteur, il est toujours à craindre que la passion ne l'emporte et que le but ne soit dépassé.

Cependant, en réfléchissant bien, n'est-il pas dans cette épouvantable action de Verger des circonstances atténuantes ?

Il faut que je l'avoue : au milieu de mes longues nuits d'insomnie, de mes désespoirs sans remède, de mes colères inassouvies, cette sombre figure de Verger m'apparaissait souvent, grimaçant un hideux sourire; et l'assassin, tenant sous son pied sa victime pantelante, me disait :

« Tue-le donc, il a été *aussi* sans pitié pour toi, » sois sans pitié pour lui ! »

Mon Dieu ! vous qui m'avez fait si doux et si timide, comment puis-je avoir de si horribles pensées ?... Oh ! non, jamais !... Plutôt mourir !...

Mais le cauchemar revenait au lendemain plus persistant et plus lourd.

Sous le poids de cette obsession, je voulus relire ce procès terrible, et j'y découvris des choses effrayantes. Verger n'avait pas tous les torts. Il était coupable, je le répète, mais l'archevêché avait-il raison de le jeter sur le pavé, sans abri, sans ressources, livré à son seul désespoir et privé de sa position SANS JUGEMENT ? N'eût-il pas mieux valu lui tendre une main secourable ? Et quand l'autorité agit de la même brutale façon contre un innocent, n'est-ce pas aussi une épouvantable monstruosité ?

Voici quelles étaient les doctrines de Mgr Sibour en ce qui concerne le gouvernement de ses prêtres :

« Depuis le Concordat de 1801, l'absence de » toute procédure déterminée pour le jugement » des clercs n'a plus fait dépendre les accusés que » de la conscience et des lumières de l'évêque. Il » est donc non seulement de droit, mais de fait, » chef, pasteur et juge unique de son clergé, et, » sauf quelques cas très rares, NULLE LIMITE

» EXTÉRIEURE n'a été posée à l'exercice de son » autorité spirituelle (*Inst. dioc.*, t. I, *p. 105*). »

Cette fausse doctrine a produit et produit encore en France les résultats que l'on sait et dont Mgr Sibour a été la première victime.

Méditons maintenant les paroles de Verger devant ses juges et qu'elles soient pour les évêques un enseignement, pour nous, prêtres, une espérance qu'avec le règne du DROIT on ne verra plus se renouveler de pareils attentats, fruits inévitables de l'ARBITRAIRE, de la dureté épiscopale, qui ne voit qu'un *incorrigible* dans tout homme tombé.

« Il est bien vrai, dit Verger, que l'année der- » nière, alors que je me trouvais sans ressources, » par suite du retrait de mes pouvoirs, j'ai pris la » résolution de tuer Monseigneur. J'ai renoncé à » cette pensée, lorsque j'ai eu l'espérance d'être » replacé dans le diocèse de Meaux ; elle m'est » revenue et je l'ai exécutée par suite de l'inter- » diction prononcée contre moi par Mgr de » Meaux. Je me suis trouvé dans le même dénû- » ment, et il m'a été répondu que Mgr de Paris » NE VOUDRAIT NI ME JUGER NI MÊME M'ENTENDRE » (*Gazette des Tribunaux* du 28 janvier 1857). »

Quelle affreuse révélation !

Les archevêques de Paris ont-ils changé depuis ? Et faut-il qu'un coup de tonnerre les rappelle à la raison ? A Dieu ne plaise ! Mais, je le redis encore une fois : Prenez garde !

Revenons au confrère de Verger, Passibonqueça.

Le plus coupable des deux n'est pas celui qu'on pense. La seule différence est que le dernier, plus roué et plus habile, savait envoyer les autres aux prunes.

A cette époque, le presbytère de Saint-Germain était un drôle de presbytère. On pouvait l'appeler, sans crainte d'erreur, une succursale de Sodome. Quand Léo Taxil, dont on vient d'acheter à si haut prix l'étonnante conversion, édita son curieux livre *Le Couvent de Gomorrhe*, il avait en vue ce presbytère modèle.

Je ne sais si aujourd'hui on y loge plus de vertu, je ne m'en soucie guère. Je fais seulement de l'histoire ancienne.

A Saint-Germain, comme partout, le jeune Passibonqueça joua son petit rôle en perfection.

Il y commit, plus que de raison, ce que *les bons Frères* appellent gentiment *une faute de grammaire*, c'est-à-dire, pour ceux dont l'intellect n'est pas ouvert aux choses absconses, qu'il confondait trop souvent dans les substantifs le masculin avec le féminin.

Ce fut Verger qui, après son arrestation, chargé sans pitié par Legrand et Passibonqueça, se défendit en révélant ces mœurs intimes. Il en fournit d'irréfutables preuves, mais on sut bien l'empêcher de les reproduire en public. Ses assertions contrôlées furent trouvées exactes; mais, au lieu de sévir et de jeter en prison tout ce vilain monde, la Justice se tut. Le scandale par ailleurs était déjà assez grand, et l'archevêché supplia de jeter par-dessus toutes ces infamies le voile le plus épais de l'oubli.

Si le curé Legrand n'est pas arrivé à l'épiscopat, malgré son ardent désir et la bonne volonté de Rome, il le doit à ces honteuses révélations. Le dossier est toujours là; qui veut l'exhumer, saura.

Et voilà la moralité de nos bons gouvernants ecclésiastiques !

Quel respect le menu fretin peut-il avoir pour ces gredins, justiciers ou frocards ?

Passibonqueça ne parle pas volontiers de son vicariat de Saint-Germain, à cause de ce nom de Verger qui l'épouvante. Quand on le presse un peu sur ce sujet, il répond : « Oui, Verger était » coupable, je le sais mieux que personne, puisque » souvent, avant de dire sa messe, il venait dans » ma chambre se confesser à moi. »

Mais, malheureux, sans parler du secret de la confession que tu révèles par une telle allégation. cette conduite de Verger ne prouve-t-elle pas qu'il avait encore la foi, qu'il luttait avec sa conscience, tandis que chez toi, Passibonqueça, il y a beau temps que tu as secoué ce gênant bagage, que ta foi est éteinte et ta conscience morte ?

Passibonqueça avait rendu à l'administration diocésaine des services qu'on n'avoue pas, mais qu'on récompense toujours. Il fut nommé second vicaire à Saint-Pierre du Gros-Caillou. Là, selon sa sainte habitude, il sema la désunion et se hissa aux dépens des autres.

Il serait trop fastidieux d'entrer dans le détail de ces révolutions de sacristie. C'est à peu près la même chose partout : des infiniment petits souverainement grotesques.

Rappelons seulement que ce fut dans cette paroisse que, délaissant les premiers errements de sa jeunesse, Passibonqueça se mit à courir les femmes. Après maintes aventures galantes, il fixa enfin son choix et s'adjoignit une agréable compagne, la rondelette et appétissante Quatrofin, épicière au cœur sensible. Passibonqueça ne fit pas preuve de mauvais goût et eut la main heureuse, car la bonne petite dame l'a partout suivi, l'a aimé jusqu'à se sacrifier elle-même à une maritorne de cuisine.

Mais n'anticipons pas, nous aurons sur ces tendres amours un chapitre spécial et curieux.

Passibonqueça ne resta pas longtemps à Saint-Pierre, les Grâces divines le juchèrent à Saint-Gervais au premier rang.

Il eut d'abord pour curé M. Chennailles, qui fut nommé bientôt chanoine. Ils n'eurent pas le temps de se détester. Ce fut M. Borel qui eut la malchance de tomber entre les mains d'un *si mauvais* premier vicaire.

Passibonqueça, qui, contre son curé, n'avait d'autre raison de haine que le désir de le supplanter, ne le lâcha jamais et lui fit toutes les misères possibles. Il l'insultait en particulier et le méprisait en public. Ce curé débonnaire ne pouvait faire un pas, une démarche, qui ne fût épiée par tout le clan des *si bonnes* dévotes et interprétée de belle façon par l'abbé Passibonqueça. Aussi le pasteur et tous ses vicaires le maudissaient-ils, tout en redoutant ses lâches dénonciations, dont on le savait coutumier.

Un petit exemple entre mille.

Passibonqueça se faisait demander pour les baptêmes riches, afin de recevoir les *dragées*, au détriment du vicaire de service, qu'il ne prévenait même pas. Sur la plainte collective des vicaires lésés, M. Borel intervint et pria Passibonqueça d'avoir au moins la délicatesse de donner à ses confrères l'*accompagnement* des dragées. Or, comme l'unique but de Passibonqueça était d'empocher, vous pensez qu'il refusa. Alors M. le curé, usant de son autorité, lui défendit expressément de faire aucun baptême. M. le premier vicaire ne tint nul compte de la défense et continua son petit manège.

Comme il trouve encore que la méthode a du bon, il recommence à Saint-Joseph dans les grandes occasions, qu'il soit demandé ou non. Un curé ne peut qu'honorer ses paroissiens ; un méchant vicaire ne saurait débiter le boniment voulu devant les gros bonnets.

Le vrai motif, c'est la pièce de cent sous et la pose.

Pendant la Commune, la plupart des curés prirent la fuite. Passibonqueça resta à Paris, caché chez Mme Quatrofin. Il fit plusieurs baptêmes et les signa ainsi : *Passibonqueça, premier vicaire, ai baptisé X... malgré la défense de M. le curé de Saint-Gervais*. On peut consulter les registres de la paroisse.

Au retour de la paix, Passibonqueça fit valoir son courage, dénonça la lâcheté de son curé ; enfin, favorisé par le bon vent des hautes jupes, il gagna le port tant convoité d'une cure de Paris. Il fut nommé, en 1872, curé de Saint-Joseph.

CHAPITRE IV

DE L'ÉTONNANTE ADMINISTRATION PAROISSIALE DU CURÉ PASSIBONQUEÇA

La nomination de Passibonqueça à la cure de Saint-Joseph causa dans le monde des soutanes une stupéfaction générale. Comment l'archevêque de Paris avait-il été assez aveugle, assez fou, pour élever sur le pavois une nullité si notoire ?

Je le sais, les curés de Paris ne sont pas des aigles ; ce n'est pourtant pas une raison de favoriser une oie pareille ! Hélas ! dans les nébuleuses régions de la rue de Grenelle, on s'en mord profondément les doigts ; mais il n'est plus temps : la bêtise est faite.

MM. les vicaires généraux le connaissent bien, ce Passibonqueça : ils le méprisent et ne se gênent pas pour le dire hautement ; mais il est curé de Paris et moralement inamovible. La cure est un palladium à l'abri duquel il peut être bête tout à son aise, et, faut-il le dire ? trop d'esprit chez un curé serait vu de mauvais œil.

C'est pour avoir commis ce crime que M. B..... est redevenu simple vicaire à la Villette. Ce brave abbé connaît à fond le Passibonqueça dont il a été le condisciple. Aussi, en apprenant cette étonnante nomination, ne put-il s'empêcher de s'écrier : « Passibonqueça curé !!! Allons, il faut » s'attendre à tout désormais et ne plus s'étonner » de rien ! »

La paroisse Saint-Joseph a été fondée en 1852. Son église provisoire n'était qu'une affreuse chapelle en bois, située rue Corbeau (un nom prédestiné). Ce fut Passibonqueça qui inaugura la belle église de la rue Saint-Maur, 161, construite sur les plans de l'architecte Ballu. La consécration de cette église, la bénédiction des cloches furent pour le nouveau curé des occasions merveilleuses de s'entourer de ses hautes protections, de se produire lui-même et de faire imprimer sur papier de luxe ses discours d'apparat élaborés en grandes peines.

Quand on entre à Saint-Joseph, ce qui frappe tout d'abord, c'est d'y voir ce qu'on ne trouve dans aucune autre église de Paris : une extraordinaire profusion d'armoiries plantées çà et là, à tort et à travers. Ces blasons dorés, ces écussons orgueilleux semblent bien singuliers dans un quartier aussi révolutionnaire que le faubourg du Temple. Mais le curé de Saint-Joseph, qui n'est démocrate que pour la frime, n'est qu'un aristo déguisé, qui veut flatter les grands, pour ne pas rester enfoui dans ce qu'il appelle un trou infect, où il se déplait à mort.

Le détail de cette étrange exhibition est assez curieux et vaut la peine qu'on fasse le tour de l'église.

Il est important de remarquer que, dans tout cet étalage, Passibonqueça n'a nullement en vue la gloire de Dieu ou l'édification du prochain ; bah ! tout ça est le cadet de ses soucis. Il ne songe qu'à sa glorification personnelle.

Jugez un peu :

1°. — Armes du pape Léon XIII qui pourrait le nommer évêque ! Les armes de Pie IX sont démolies, il ne peut plus servir à rien.

2°. — Armes de Mgr de Quélen, qui a confirmé Passibonqueça !

3°. — Armes de Mgr Affre, qui a ordonné Passibonqueça !

4°. — Armes de Mgr Sibour, qui a tant favorisé Passibonqueça !

5°. — Armes du cardinal Guibert, qui a nommé curé Passibonqueça !

6°. — Armes de Mgr Richard, pour l'engager à récompenser Passibonqueça de toutes ses bassesses.

7°. — Armes de Mgr Lavigerie, qui a nommé Passibonqueça chanoine de Nancy, on ne sait trop pourquoi.

8°. — Armes de la Lorraine, parce que Nancy est en Lorraine !

9°. — Armes de l'Alsace, pour faire pendant et jouer de la note patriotique, ce qui sonne bien dans un sermon.

10°. — Armes de Jeanne d'Arc, parce que Jeanne d'Arc a pris Orléans, qu'Orléans n'est pas loin de Beaugency et que Beaugency a donné le jour à son *illustre* famille ! ! !

11°. — Armes de M. le baron de Macquerie, dont Passibonqueça prétend descendre uniquement !

12°. — Armes de son ami M. le comte de Gano, chez qui Passibonqueça coule doucement une partie de ses vacances.

13°. — Armes de M. le prince de Baffretout, chez qui Passibonqueça a été précepteur et dont il raconte à tous les échos *l'éclatante* conversion opérée PAR LUI !

14°. — Armes de Mme Quatrofin : *Un pain de sucre d'argent sur tête d'oignon de gueule !!!*

15°. — Armes de la Caporale major : *Une casserole rétamée avec un calice d'or au beau milieu !!!!*

16°. — Armes de la Caporale jeune : *Une équerre d'architecte croisée d'une étole pastorale avec balai tranchant sur le tout, plus quatre petits P ornant les quatre angles : l'ensemble formant un heureux mélange !!!!!*

17°. — Les armes de Passibonqueça LUI-MÊME ! *Un affreux bouc de sable, qui lève les pattes et dresse la queue.* (Voir chapelle Saint-Joseph, en face du confessionnal de Passibonqueça.)

Décidément Passibonqueça n'a pas son pareil pour l'invention drôlatique, il mérite de passer à la postérité.

Quant à ces *armes si parlantes*, il y a gros à parier que le premier soin du successeur sera de les décrocher. Ce sera dommage pour l'histoire.

Voyons les autres curiosités de l'église.

On voit dans la chapelle Saint-Joseph et un peu partout à travers l'église, pour attirer l'œil des clients, des ex-votos ou plaques de marbre, sur lesquelles sont gravées des inscriptions fort curieuses, relatant de prétendus miracles, opérés par l'intercession du grand Saint et de son vertueux curé, Passibonqueça.

Il est clair que c'est Passibonqueça tout seul qui les a payées, ces plaques, et composées dans ce style amphigourique et prétentieux dont il a le secret. Il en place ainsi chaque année quelques douzaines. S'il reste longtemps encore, il en tapissera son église, qui fera ainsi concurrence à Notre-Dame-des-Victoires.

Nous ne pouvons, à notre grand regret, donner ici toutes ces inscriptions, mais nous engageons vivement les amateurs de cocasseries à s'armer d'un bon crayon, de papier et surtout d'une jumelle de théâtre. Ils feront d'exquises découvertes.

On trouve encore dans l'église quelques mauvaises croûtes, de ridicules marionnettes, que Passibonqueça achète chez les marchands de bric-à-brac et fait rafistoler, pour recevoir les hommages des naïfs, avec deux chandelles aux deux coins, plus la fameuse pièce indispensable : le plateau aux offrandes.

Plus loin, deux boîtes dorées, qui depuis longtemps étaient ensevelies dans la poussière des placards et qui contiennent, l'une : l'os frontal de saint Joseph avec le petit bout de son petit bâton fleuri ; l'autre : un pan de chemise garnie de saint Benoît-Joseph Labre !

Enfin, à l'entrée du chœur, deux grandes statues. La première, saint François d'Assise, n'a pu passer qu'à la condition que la seconde serait le belliqueux patron de Passibonqueça.

Savez-vous ce que Passibonqueça a le plus admiré dans son saint Victor ? C'est que le soldat romain est sans culottes. Aussi ce chaste curé exprime-t-il en ces termes ses inquiétudes sur l'absence de cet indispensable vêtement :

« Cachez-moi donc ce saint que je ne saurais voir !

» Que vont penser nos demoiselles de la con-
» frérie ? soyez sûrs, Messieurs les vicaires,
» qu'elles seront tentées plus d'une fois de regar-
» der en dessous... pour... »

Nous n'achevons pas la phrase. C'est assez pour faire juger l'homme.

Quant à la tenue intérieure de l'église, elle est déplorable. Une personne honnête n'y saurait venir, quand Passibonqueça s'y trouve, sans être attaquée ou grossièrement insultée par les misérables voyous qu'il y attire, sous prétexte de leur donner un bon de pain.

La vermine y pullule et dès les premiers pas qu'on fait dans cette extraordinaire église de Saint-Joseph, l'armée de Saint-Labre au grand complet s'avance et se jette à l'assaut. Cette autre vermine, la voyoucratie fainéante, possède ici ses représentants les plus sales et les plus débraillés. Saint-Joseph est leur rendez-vous, leur boudoir, leur fumoir, leur déversoir, que sais-je encore? En effet, messieurs du Ruisseau y fument comme chez eux, la casquette sur la tête, pendant que le suisse débonnaire les contemple du haut de sa bêtise. Ces demoiselles du trottoir y viennent sans façon rafraîchir leur chevelure en désordre ou se mettent dans un coin de chapelle, comme Mme Ève, avant le péché, pour purger leurs vêtements intimes de l'excès de ses habitants. Et lorsque l'attente est trop longue pour recevoir le bon de pain ou de viande promis (car Passibonqueça fait poser son public de neuf heures du matin à une heure de l'après-midi), ces messieurs et dames de la Haute Pègre, sans se déranger bien loin, s'en vont dans le temple sacré satisfaire leurs nécessités particulières ou réciproques. Quant aux conversations qu'on y tient avec le même sans-gêne que sous les Halles Centrales,on comprendra qu'il serait difficile d'en donner un échantillon. Les infâmes inscriptions et dessins, qu'ils tracent sur les murs en souvenir de leur passage et que le curé laisse subsister pendant des mois entiers, expliquent surabondamment ce qu'ils font à l'intérieur.

Et qu'on ne dise pas que nous chargeons à plaisir ce tableau de mœurs primitives, nous gazons encore autant que possible.

Il est facile de deviner avec quel zèle Passibonqueça veille aux intérêts de sa paroisse. Il s'en occupe si peu, que M. Caron, vicaire général, est obligé, pour le rappeler aux devoirs les plus élémentaires de sa charge, de l'humilier publiquement, en lui envoyant des admonestations soignées par l'intermédiaire de ses vicaires.

Depuis 1872 jusqu'en 1885, Passibonqueça fit prendre les pains ou formules pour la messe dans un bouge infect, chez Lemerle, rue du Pavois. Or, d'après des informations absolument certaines, non-seulement les marchandises y sont confectionnées dans une dégoûtante saleté, mais encore on peut dire que ce qu'il y a le moins dans ces pains, c'est le froment. Nous avons aussi fait analyser le vin sur lequel nous avions des doutes : il était frelaté. Nous risquâmes quelques observations, Passibonqueça se moqua de nous et ne fit rien.

La conclusion est donc que, depuis quinze ans, les messes sont nulles et que Passibonqueça est tenu à réparer tout le dommage.

Ah ! si les dévotes avaient su de quelle matière et de quelle façon étaient faites ces hosties qu'elles viennent avaler chaque matin, leur cœur délicat se serait soulevé de dégoût et elles seraient venues à la table sainte, avec moins d'empressement peut-être, baiser le bout des doigts de leur père chéri.

Tout le monde sait que les messes, au grand scandale des fidèles, sont vendues tant la pièce, sous le fallacieux prétexte que le prêtre doit vivre de l'autel.

Et, pour le dire en passant, l'archevêché de Paris a inventé dans ce genre de commerce une petite combinaison très fructueuse, dont nous parlerons plus tard, si Dieu nous prête vie. Mais passons.

En 1877, la cote officielle des messes est mise à deux francs. Passibonqueça, jusqu'en 1880, les maintient à un franc, non pour épargner l'argent des naïfs, mais pour se rendre plus populaire aux dépens des vicaires, qui n'ont que le juste nécessaire. Pour lui, la chose est bien indifférente, puisqu'il gagne vingt mille francs par an ! Cependant, devant une démarche collective et sous la menace d'une plainte, il fallut bien céder.

N'est-ce pas une honte qu'un curé de Paris perçoive des émoluments aussi exorbitants? Il y en a qui gagnent jusqu'à quatre-vingt, cent mille francs et plus ! Tandis que de pauvres diables qui ont tout le mal, sont impuissants à faire la moindre économie pour leurs vieux jours.

Faut-il dire à quoi servent les riches revenus de ces omnipotents curés ? Les uns entretiennent des maîtresses de haut vol et qui leur coûtent les yeux de la tête ; d'autres, comme Passibonqueça, aux goûts plus crapuleux, se contentent d'une maritorne de bas étage, et nourrissent un tas de petits crapauds, qui sortent on ne sait d'où.

Nous venons de voir combien Passibonqueça se moque de l'esprit de justice; admirons aussi son étonnante fermeté.

Les sœurs Alibertines fondèrent en 1880 une école prétendue libre, mais elles ne voulurent à aucun prix de ce curé brouillon qui ne pouvait que jeter bâton dans les roues. En conséquence.

elles effacèrent ouvertement son nom de la liste du comité de formation. Passibonqueça, en bon Basile, avala l'injure et ne se proposa pas moins pour bénir la susdite école. Peut-on manquer un discours et un article élogieux de journal ? Mais l'archevêque délégua le vrai fondateur et bienfaiteur, M. l'abbé Millet, premier vicaire de Saint-Joseph, et la petite cérémonie fut fixée au 20 septembre 1880, pendant les vacances du pasteur. Caporale major, la *gouvernante* du curé, était aux aguets : elle télégraphie à son patron de revenir au galop ; mais il arriva trop tard, on avait officié le 18. Furieux, il crie à tous les échos qu'on veut dresser autel contre autel, qu'on lui coupe l'herbe sous le pied... On lui répond par une grand'messe à grand orchestre, avec accompagnement de flacons et roucoulements de sœur Fifine. Comme la première fois, le curé est *évité* avec le plus grand soin. Il ne décolère plus. Vous croyez qu'il va donner sa démission. Jamais de la vie ! Bientôt ce beau feu de paille s'éteignait, car un mois après, il festoyait aux flancs de son vicaire chez ces aimables Alibertines.

Passibonqueça a du caractère !

Impossible, tant que Passibonqueça restera à Saint-Joseph, d'y établir aucune œuvre digne de ce nom. On y pourrait, par exemple, créer de sérieuses conférences pour les hommes, ce qui vaudrait mieux que toutes ces miévreuses confréries de fillettes, sources de toutes sortes d'abus; mais Passibonqueça ne veut d'aucune œuvre virile, parce qu'il est incapable de les diriger. Les confier à un autre serait ruiner sa propre influence. Quant au bien qui pourrait en résulter, il s'en moque comme d'une guigne. Périsse plutôt la religion!

Des curés semblables sont une calamité, une épouvantable punition pour la paroisse qui a le malheur de les posséder.

Et le budget, mes amis? Oh! la bonne vache à lait pour le curé et ses comparses!

La fabrique de Saint-Joseph est la véritable bouteille à l'encre. Passibonqueça vire et manigance tout à son aise, sans crainte de contrôle. Le bois qu'il brûle, le gaz qu'on consomme et bien d'autres dépenses injustifiables et injustifiées forment un total effrayant, quand il serait si facile de faire des économies.

Les fabriciens, choisis parmi les meilleures têtes de l'endroit, voudraient bien accomplir sérieusement leur mandat. Mais Passibonqueça ne les consulte pas ou les trompe effrontément. Il veut être tout dans la fabrique ; il taille et rogne à volonté. Or, comme il n'est qu'un incapable doublé d'un malhonnête homme, vous voyez d'ici la belle pétaudière que ce budget.

Les dépenses du culte s'élèvent en moyenne à quatre-vingt mille francs par an ! Ne pensez-vous pas qu'il reste en route quelque peu de cet argent, surtout lorsque le trésorier *fictif* est une créature du curé, prompte à exécuter toutes ses volontés ?

Le jeune Lonlant a été cet homme. Pendant tout le temps de son administration, ce n'a été qu'un gaspillage éhonté. Plusieurs vols assez importants ont été découverts par son successeur et sont parfaitement prouvés sur les registres. Croyez-vous que cet inconsidéré jeune homme soit le véritable auteur de ces nombreuses malversations ? Il n'était que l'instrument, l'homme de paille de Passibonqueça.

Aussi le déficit, en cette année 1885, fut-il de *trente-quatre mille francs*, Passibonqueça ayant dépensé plus ou moins bêtement toutes les recettes ordinaires, soit environ cinquante mille francs, plus les *vingt-quatre mille francs* donnés comme secours *extraordinaire* par l'archevêché.

A la constatation de ces énormes trous dans la lune du budget, M. Caron, vicaire général, renvoya les comptes en disant qu'il ne *voulait* ni ne *pourrait* approuver la conduite d'un pareil *imbécile* (sic). Comme conclusion, Passibonqueça fut condamné à payer de sa poche les dix mille francs manquant. Passibonqueça fit la grimace et s'exécuta.

Il se venge de sa déconvenue en appelant à son tour un *imbécile* son ex-protégé Lonlant : « Il ne » savait rien faire, ajoute-t-il ; le patronage que » je lui avais confié est, grâce à lui, en complet » désarroi ; il m'a volé, puis s'est retourné contre » moi, son bienfaiteur, en fréquentant mon enne- » mi Millet. J'ai donc bien fait de le renvoyer, il » n'était que temps pour les jeunes vierges de ma » paroisse. »

Voilà un petit panégyrique assez réussi !

L'archevêché supportera toutes les bêtises, toutes les infamies de Passibonqueça, mais il ne souffrira pas qu'il épuise la caisse. Si ce curé laissait se renouveler de pareils désordres ou se rendait complice de nouveaux vols, l'autorité supérieure y mettrait bon ordre et, s'il fallait aller à cette extrémité, le flanquerait à la porte.

Sur ce chapitre, l'archevêché ne rit jamais.

N'empêche que l'autorité n'est pas fière d'un

tel administrateur et qu'elle voudrait bien trouver moyen de se débarrasser d'un homme si compromettant.

Récompense honnête est promise à l'inventeur.

CHAPITRE V

PASSIBONQUEÇA MOULIN A PAROLES

Passibonqueça, l'étole au cou, précédé du suisse et de sa hallebarde, de deux enfants de chœur, du maître des cérémonies et suivi d'un bedeau, traverse son église avec son air habituel d'hypocrite suffisance. Le voici en chaire : il va parler à ses paroissiens.

Regardez attentivement cet homme, et dites si je me trompe.

Cette bouche faite de trois lignes obliques, ces lèvres pincées et à peine visibles, ce menton en galoche comme celui d'une vieille javotte, ces yeux percés en vrille qui s'allument comme deux petits quinquets au feu de la colère ou de la jalousie, ces joues creuses, ce front fuyant, ce crâne dénudé sur lequel sont plaquées quelques mèches de couleur indécise, tout cet ensemble de physionomie ne révèle certes pas un vieillard respectable. L'hypocrite cherche bien à se donner, tant qu'il peut, un cachet de douceur et de bénignité; il a des manières onctueuses, le dos tendu, un sourire toujours béat, copié sur celui de son seigneur et maître; mais tâchez de le surprendre quand il ne s'observe pas, ou quand un rayon de soleil, tombant crûment sur ce visage glabre, l'éclaire tout à coup, vous reculerez presque épouvanté à l'aspect de ce rictus féroce.

Passibonqueça, malgré sa vantardise et l'opinion de quelques dévotes, n'est pas un orateur, mais un débitant de paroles enfilées sans suite et sans raison, un robinet d'eau tiède qui ne s'arrête jamais. Ce jet continu vous énerve à la fin. Qui l'a une fois écouté n'a plus besoin de l'entendre. C'est le même ordre d'idées sans cesse ressassées, les mêmes paroles toujours répétées. Comme fond, rien, absolument rien; comme forme, un certain bagout parisien, qui fait d'abord quelque effet de paillettes; mais dès qu'on place sur tout ce clinquant la loupe de l'analyse, l'illusion s'envole et le mépris accourt à tire-d'aile. Le prêtre disparaît pour ne laisser voir qu'un pître de mauvais aloi.

La raison, la voici :

Mangin exagérait, mais il croyait, du moins, à la bonté de ses crayons ; Passibonqueça *blague son public et ne se croit pas lui-même*. C'est lui qui le dit.

Hors des banalités qu'il affectionne, il patauge ou commet des énormités du genre de celles-ci : « Toutes les religions sont bonnes... Il faut savoir un peu de religion, au moins au point de vue artistique, pour ne pas paraître un sot dans un musée... »

Il est réellement incapable de composer et d'écrire ; nous le mettons au défi de faire un sermon sérieux sur un point dogmatique quelconque. Aussi pour son discours de la conférence ecclésiastique de Saint-Roch, s'est-il adressé à l'un de ses vicaires, qui le composa tout entier et en conserve encore la copie.

Nous avons déjà vu un échantillon de sa manière de dire dans les retraites de première communion. Il débite à son petit monde, avec force gestes et grands coups de poings, d'abominables faussetés, des sottises monumentales, des contes à dormir debout, puisés dans les almanachs hors d'usage.

Voici, d'ailleurs, tout le répertoire :

1° Histoire du petit Charles.

2° Histoire de la pièce de cent sous pour acheter un encrier ou une boîte de compas.

3° Histoire du tirage et de la fameuse vocation ecclésiastique.

4° Narration de son voyage au Mont Saint-Bernard (*sept mille six cents* pieds au-dessus des nuages !).

5° Légende de la médaille cousue qui sauve un soldat à Sébastopol ou *à Tonkin* (sic).

6° Histoire inventée du jeune Gugusse à la Roquette, un jeune voyou converti par lui, Passibonqueça.

7° Histoire dramatique du jeune Paul qui se noie le premier jour de la retraite.

8° Description terrifiante d'un collégien sacrilège.

9° Conte des brigands aubergistes qui assassinent leur fils au lieu d'un voyageur.

10° Conte du voleur à la main coupée.

11° Récit comique du serpent et des petits Normands.

12° Récit tragi-comique avec accompagnement de pantomime expressive de la jeune comtesse morte dans un souterrain et du grand chat noir aux yeux verts !

C'est dramatique au possible, mais absolument nul, si ce n'est nuisible, au point de vue de la préparation directe à la première communion.

Comme fruit des retraites prêchées par Passibonqueça, voici une petite conversation prise au vol entre un garçon et une fillette, au matin même de la grande cérémonie :

— « Eh ! dis donc, Joséphine la désolée, n'fais » pas tant la sucrée. Dirait-on pas qu't'as vu l'chat » *vére !*

— » Arthur, tais ton bec.

— » Mince alors ! »

Et le garçon entonne à plein gosier :

Troupe innocen-en-te !....

Un autre triomphe de Passibonqueça, c'est le boniment au mariage. L'allocution aux époux est son chef-d'œuvre.

Il parle de ce jeune homme fier, à l'air mâle et distingué, qui va se consacrer au bonheur de sa jeune épouse, qui a servi son pays (suit une tartine patriotique)... Il vante la modestie de cette jeune vierge, qui comme un frêle rameau appuie sa tige tremblante au chêne superbe ; il détaille sa beauté angélique, ses qualités rares, il entrevoit les bébés roses... Il cause de Tobie et de sa femme, de Jésus-Christ et de la sainte Eglise, du père, de la mère, des frères, des sœurs, des cousins, des cousines ; il n'oublie personne ; et, si quelqu'un manque à la fête, il tire le grand jeu des défunts, qui, du haut du ciel, contemplent le bonheur des futurs époux, il entend les pleurs maternels...

Tout à coup un sanglot déchirant éclate à travers l'auditoire ému. C'est la mère qui verse un pleur !...

Passibonqueça a gagné ses cent francs de pourboire!... Allez, la marche triomphale des fiancés et le son argentin du plateau des offrandes !

Dernièrement, au mariage de la belle Hélène, la fille de son propriétaire, Passibonqueça fut obligé, à son grand désespoir, de céder la place à un confrère. Impossible de débiter un discours pourtant bien préparé. Bast ! il est encore un moyen. A l'Evangile, il fait frapper un coup retentissant de hallebarde ; l'auditoire surpris se retourne : Passibonqueça était en chaire et ne fit pas grâce d'un seul compliment.

Deux discours de curé pour un seul mariage, c'est raide !

Chaque mercredi, il roucoule une douce canserie à ses Dulcinées de vieille couche; il est tendre, il est onctueux, il parle avec le plus touchant abandon des pauvres secourus par lui, des compliments qui blessent sa modestie, du bien *immense* qu'il produit dans sa *grande* paroisse de *soixante mille* âmes!...

Le premier dimanche de chaque mois, il commente les annonces de la semaine, attaque l'homélie et fait un vigoureux appel à la caisse. Il excelle dans le boniment des gros sous.

Donnons un modèle du genre, photographié sur place.

Quiconque lira, redira, s'il l'a entendu :

— « Ma foi! c'est bien du Passibonqueça! »

« De l'argent! de l'argent! mes frères..... L'o-
» bole de la veuve, le louis du riche seront reçus
» avec la même reconnaissance et vous feront
» gagner le paradis. *Par conséquent*, mes très
» chers frères, si vous avez peu, donnez peu;
» si vous avez beaucoup, donnez beaucoup. *Dieu,*
» *qui sonde les cœurs et les reins*, vous récom-
» pensera... plus tard !

» *Par conséquent*, mes très chers frères, je vais
» passer dans vos rangs pour vous tendre la main
» pour les pauvres de cette grande paroisse de

» *soixante-cinq mille* âmes !... *Pénétrés de ces* » *sentiments*, mes très chers frères, donnez lar- » gement et faites-nous un grenier d'abondance, » où, mes vicaires *si zélés, si dévoués*...

Auxquels il ne donne pas un rouge liard pour les pauvres,

» ... et MOI, nous puiserons toute l'année pour » secourir tant de malheureux qui souffrent... » Vous le savez, mes frères, j'ai dépensé tout » *mon patrimoine* pour fonder de *grandes* » œuvres.

Blagueur !

» Je dépense chaque jour *tout mon bien* pour » secourir la veuve,

Caporale.

» ... et l'orphelin...

La petite Victorine.

» *Par conséquent*, mes très chers frères, aidez- » nous, etc. etc...

» Voyez dans ce misérable taudis cette pauvre » *veuve pâle et amaigrie* avec ses *cinq* enfants qui » lui demandent à grands cris du pain : *Mon père* !... » ma mère !... Quelle scène déchirante !... mais » grâce à vous, mes frères, j'arrive à temps et je » sauve ces pauvres *six orphelins*... Louez Dieu ! » louez Dieu ! *Par conséquent*, mes très chers

» frères, le sourire est revenu dans la mansarde
» et les *sept* pauvres petits, accompagnés du père
» et de la mère viennent pleins de reconnaissance
» me baiser les mains... *Par conséquent*, mes
» très chers frères... etc.

» Voyez cet homme, *pâle et amaigri*, qu'une
» maladie de poitrine tient cloué sur son grabat.
» On a dit à sa jeune épouse de ne pas le soigner
» de si près : ou bien elle *attraperait la maladie*
» (sic). Elle n'en continue pas moins son noble
» dévouement. Ils sont tous deux malades. *Par*
» *conséquent,* mes très chers frères, plus de tra-
» vail, plus rien!... Donnez et il vous sera rendu
» au centuple... *Pénétrés de ces sentiments*, mes
» très chers frères, etc.

Et là-dessus deux ou trois magots féminins tirent leur mouchoir et pleurent comme des veaux!

» Nous voici donc, mes frères, dans le mois
» de saint Joseph, ce grand saint qui,....
» etc.... Vous viendrez en grand nombre assister
» à ces pieux exercices... etc... Mais, mes très
» chers frères, écrivez lisiblement vos demandes
» et vos prières à ce grand patron, ou je ne pour-
» rai pas les appuyer efficacement. Je n'ai plus

» mes yeux de quinze ans et il y a parfois des
» choses si bizarres, que je pourrais tout lire par
» mégarde et vous faire pouffer de rire. *Par con-*
» *séquent*, mes très chers frères, apportez vos
» offrandes et des bougies, qui signifient la lu-
» mière de votre foi, l'ardeur de votre charité.
» Et le grand saint Joseph... etc... »

« Vous viendrez en grand nombre à cette pieuse
» cérémonie du lavement des pieds. C'est le plus
» âgé, le plus élevé en grade, votre vieux pasteur,
» qui donne ce touchant exemple de baiser les
» pieds...

Ils sont lavés.

» ... de nos chers petits enfants de chœur. *Par*
» *conséquent*, mes très chers frères... etc... »

« Voyez les *armes* de ces *grands* personnages
» qui décorent notre belle église, *par conséquent*,
» mes très chers frères, etc. »

« In nomine patris et Filii et Spiritus sancti.
» Amen.

» Nous allons vous expliquer ces paroles, pleines
» de simplicité, de notre Evangile...

» Une pauvre femme est surprise en flagrant
» délit d'adultère,... la loi veut qu'elle soit lapi-

» dée,. . on l'amène au divin Maître, afin qu'il
» prononce le jugement; mais, inspiré par la
» sagesse *divine*, Jésus se baisse vers la *tére* et
» écrit ces mots sur le sable : Que celui qui n'en
» a pas fait autant lui jette la première pierre !
» *Par conséquent*, mes très chers frères, les vieux,
» qui sont plus expérimentés dans la chose, re-
» gardent les premiers et s'en vont aussitôt à la
» file ; les jeunes, qui ne valent pas mieux, font
» de même. Jésus reste tout seul, et alors Celui
» *qui sonde les cœurs et les reins* dit à la femme :
» Allez et ne recommencez plus.

» *Pénétrés de ces sentiments*, mes très chers
» frères, nous ne saurions trop vous exhorter,
» *dans les temps difficiles que nous traversons*
» à demander à la sagesse *divine* les grâces dont
» nous avons besoin sur la *tére*, des grâces qui
» éclairent l'esprit et touchent le cœur...

» *Misereor super turbam*, j'ai pitié de ce
» pauvre peuple !... *Qui amat matrem thesau-*
» *rizat*, celui qui aime sa mère amasse des trésors
» pour le Ciel. La mère qui est le canal... etc...
» Les flots de la mer frappant le rocher sécu-
» laire... *Deus patiens est quia æternus*, Dieu est
» patient parce qu'il est éternel... Rendez à César
» ce qui est à César, à Dieu ~~ce qui~~ est à Dieu, à la

» famille ce qui revient à la famille... la grâce » *divîne* !... sur la *tére* !... mon pére !... ma mére !... » mes fréres !... mes sœurs !... patrie !... Jeanne » d'Arc !... Alsace-Lorraine !... »

En voilà assez, grand Dieu !

CHAPITRE VI

PASSIBONQUEÇA VIOLATEUR DU SECRET DE LA CONFESSION

Ici l'affaire devient plus grave. Nous allons marcher à pas comptés et ne rien avancer dont nous ne soyons absolument certain.

Le cardinal Gousset, dans sa Théologie Morale, dit que les révélations directes de la confession sont tellement rares, que l'on peut assurer qu'on n'en voit jamais.

Cette affirmation nous semble bien risquée, pour ne pas dire fausse de tous points. Ces révélations ne sont pas aussi rares qu'il le prétend, et n'y en aurait-il qu'une seule, bien et dûment prouvée, que ce serait déjà une chose effrayante, bien capable d'ébranler la confiance des fidèles.

Pourquoi donc aussi n'explique-t'on pas avec

plus d'énergie aux jeunes prêtres quelles peines sévères ils encourent, s'ils font une révélation quelconque de la confession? Pourquoi n'oblige-t'on pas *sub gravi* les prêtres à dénoncer et poursuivre *publiquement*, avec preuves à l'appui, par devant le juge ecclésiastique, tout confrère coupable, même d'une imprudence de langage?

Mais on veut faire croire que cette violation est impossible, et une pareille poursuite, si elle venait à être connue, causerait un si énorme scandale, qu'elle achèverait de démonétiser la confession et en éloignerait ceux qui y vont encore par devoir, mais non sans répugnance.

« On a vu des prêtres apostats, continue le » même théologien, et, par un effet spécial de la » protection de Dieu sur son Eglise, ces prêtres » ont respecté le sceau de la confession; on en » voit qui tombent en démence, et dans leur délire » il ne leur échappe jamais rien qui puisse compromettre le secret sacramentel. »

J'ai cru longtemps à cette impossibilité de la violation du secret de la confession, maintes fois je l'ai entendu affirmer par des prêtres respectables, qui mettaient leur conduite d'accord avec leur doctrine; aussi leur donnais-je, avec toute la naïveté de mon jeune âge, mon entière confiance. Depuis que je connais Passibonqueça, je ne crois plus à cette légende, à ce prétendu miracle.

Je ne suis pas seul de cet avis.

M. le premier vicaire de Saint-Joseph, qui est un homme grave et sérieux, fort considéré à l'archevêché, a dit et répété : « Je me trouverais en » cas de mort et je n'aurais à ma disposition d'au- » tre prêtre que Passibonqueça, j'aimerais mieux » mourir sans confession que de m'adresser à cet » homme indigne de confesser. »

Demandez aux autres vicaires s'ils ne feraient pas de même, le cas échéant.

Nous avons déjà raconté avec quelle légèreté Passibonqueça parlait des confessions de Verger l'assassin. Ce n'est là qu'une révélation indirecte de la confession, ou tout au moins une grande imprudence de langage.

Passons.

M. l'abbé Roche, qui pour complaire à Passibonquéça a commis toutes les platitudes, n'a pas craint de dire hautement que le curé de Saint-Joseph avait révélé sa confession, parce que, seul à Paris il connaissait par ce moyen certaines particularités de son passé, qui maintenant étaient dévoilées et partout répandues. Il est évident qu'en plusieurs circonstances Passibonqueça a laissé supposer, par ses paroles légères, que M. l'abbé Roche n'avait pas un passé d'une blancheur immaculée; cependant, nous ne voudrions pas affirmer qu'il a fait à cet égard une révélation quelconque de la confession, puisque nous savons qu'il existait une autre source de renseignements sur ce prêtre.

Nous voulons citer des faits positifs et indéniables.

Passibonqueça avait un donneur d'eau bénite qu'il renvoya sans pitié, parce que le pauvre homme visitait parfois avec trop de componction les vignes du Seigneur. Non content de l'avoir réduit à la dernière misère, il lui jette encore l'injure : « C'est un ivrogne; il se prétend malade » de coliques, ce n'est pas vrai. Il a une maladie » vénérienne attrapée avec les filles du quar- » tier. »

Ce détail (nous le savons par le pauvre homme lui-même), Passibonqueça ne l'avait appris que par la confession !

Chaque samedi, au retour de l'église, Passibonqueça raconte à la Caporale, sa *bobonne* à tout faire, avec force détails et enjolivements, quelles sont les personnes qui sont venues le trouver dans sa *Poubelle* ecclésiastique, et tout ce qu'on lui a dit de drôle et d'intéressant. On les entend tous les deux rire à gorge déployée des imbécillités des dévotes et des péchés plus ou moins mignons des petites dames de la rue Saint-Maur et du grand faubourg du Temple.

Il est aussi question des duchesses, marquises ou comtesses, qui s'égarent dans ces lointains quartiers à la recherche d'un *si bon* directeur. Mais là-dessus on ne rit pas, il s'agit de soigner ce gibier-là. La boîte *commune* n'est pas pour elles. On les confesse dans le cabinet particulier du pasteur, plus souvent en chambre close, parfois jusque dans leur voiture.

Nous n'exagérons rien.

Mais, dira-t'on, comment savez-vous tous ces détails ? Passibonqueça et sa *bobonne* ne vous ont pas appelé pour entendre leurs confidences ? Non, pour sûr. Continuez cette édifiante lecture, au dernier chapitre vous aurez la clé du mystère.

Un autre fait bien authentique. Tous les prêtres et les employés de Saint-Joseph peuvent témoigner que Passibonqueça l'a raconté et commenté en pleine sacristie.

Mme Faguet est une honnête et excellente veuve qui élève sa fille comme il faut, dans des sentiments de foi et de piété. Elle s'adresse à confesse à son curé et croit pouvoir, dans la simplicité de son âme, lui demander avis sur toutes choses.

La bonne dame a grand tort.

Dernièrement, elle lui parlait, comme une mère sait parler, de sa fille, du virginal épanouissement de cette tendre fleur qu'elle soigne avec tant d'amour, et, sa délicatesse de chrétienne voulant s'accorder avec ses craintes maternelles, elle demandait au confessionnal un avis absolument confidentiel.

Savez-vous comment Passibonqueça, qui pose pour le raffiné, mais qui n'est au fond qu'un grossier soudard, a souillé de sa bave impure cette communication d'une conscience délicate et dans quels termes il en a parlé devant tout le monde ?...

Non, je ne le dirai pas. Il y a des choses qui ne peuvent s'écrire décemment.

Mais je suis prêt à répéter à Mme Faguet elle-même et mot à mot tout ce qu'elle a demandé si secrètement à Passibonqueça et de quelle manière cet homme s'en est moqué en public comme avec sa Caporale.

Le plus pourceau des pourceaux d'Epicure parlerait plus proprement !

Enfin, pour couronner le tout, voici qui est encore plus fort.

Deux prêtres, que je connais parfaitement, de la véracité desquels on ne peut douter et qui sont prêts à témoigner sous serment, rendaient un jour (4 mars 1879) visite à Passibonqueça. Au cours de la conversation il fut question de la paroisse Saint-Gervais, de son curé et de ses vicaires.

« Il y a parmi eux, dit Passibonqueça, un nommé » Vincent que je n'aime pas. C'est un ambitieux, » un orgueilleux qui régit la paroisse et mène » *l'imbécile* de Bussy par le bout du nez. Oh ! si » je voulais, je saurais bien le mettre à la raison, » car je sais qu'*il a eu des relations intimes avec* » *Mlle Dorvaux*. La source est bonne, puisque » c'est la demoiselle elle-même qui S'EN EST » ACCUSÉE A MOI EN CONFESSION ! ! ! »

M. l'abbé Vincent est toujours vicaire à Saint-Gervais; quant à Mlle Dorvaux, j'ignore si réellement elle existe, je n'ai voulu faire aucune recherche. Je cite textuellement les paroles. Que tous les deux se défendent, s'ils le jugent à propos.

Ce que je retiens et affirme nettement, c'est qu'il y a là RÉVÉLATION DIRECTE, COMPLÈTE du secret sacramentel.

Alors Passibonqueça doit subir les conséquences de son crime.

Lisons la loi et les peines qu'elle édicte.

Un décret attribué au pape Grégoire, l'an 600, s'exprime ainsi :

« Que le prêtre évite par dessus tout de raconter à qui que ce soit, parent ou étranger, les » péchés entendus en confession. S'il commet ce » crime, qu'on le dépose, et ainsi déshonoré qu'il » aille errant sur la terre tous les jours de sa » vie (1). »

Passibonqueça condamné à pèleriner à perpétuité ! Quel débarras, mon Dieu ! Mais il ne serait pas trop fâché de la douce pénitence.

Ne te réjouis pas si vite, ô Passibonqueça !

Le IVe concile de Latran, tenu en 1215, précise et renchérit.

« Que le confesseur fasse bien attention de ne

1. Sacerdos ante omnia caveat ne de his, qui ei confitentur peccata, alieni recitet, non propinquis, non extraneis, neque quod absit, pro aliquo scandalo : nam, si hoc fecerit, deponatur, et omnibus diebus vitæ suæ, ignominiosus, peregrinando pergat.

» jamais trahir le pécheur par parole, geste ou en
» quelque manière que ce soit. S'il a besoin d'un
» sage conseil, qu'il le fasse prudemment sans
» nommer personne. Contre celui qui oserait
» ainsi révéler un péché déclaré en confession,
» nous jugeons que non seulement il faut le dépo-
» ser de tout office sacerdotal, mais encore qu'il
» faut l'enfermer étroitement dans un monastère,
» pour y faire à jamais pénitence [1]. »

Je vote pour le plus étroit cabanon de Bicêtre ou de Charenton.

En 1302, le concile de Tolède décrète que tout violateur du secret sacramentel sera condamné à la prison, au pain et à l'eau pour le reste de ses jours.

Que deviendront alors les petits plats si appétissants de Caporale major ?

Mais ne plaisantons pas en pareil sujet.

1. Caveat autem omnino ne verbo, aut signo, aut alio quovis modo, aliquatenus prodat peccatorem ; sed si prudentiori consilio indiguerit, illud absque ullâ expressione personæ caute requirat ; quoniam qui peccatum in pœnitentiali judicio sibi detectum præsumpserit revelare, non solum a sacerdotali officio deponendum decernimus, verùm etiam, ad agendam perpetuam pœnitentiam, in arctum monasterium detrudendum.

La procédure, suivant les Décrétales, doit être faite par l'évêque. En conséquence, je *requiers* devant qui de droit, archevêque de Paris ou à son défaut le Souverain Pontife, *la déposition et la punition exemplaire* de PASSIBONQUEÇA, curé de Saint-Joseph.

La dénonciation juridique est de droit canonique dans l'Eglise. Celui qui, devant un crime, énorme, scandaleux et impuni, a le courage d'assumer le rôle d'accusateur public, doit :

1° Prévenir l'ordinaire du coupable, afin qu'il fasse une enquête.

2° En cas de refus, dénoncer publiquement le crime.

3° Se mettre à la disposition du juge pour la preuve.

Or, ces trois conditions ont été scrupuleusement observées par nous.

1° Les saints canons ordonnent de prévenir l'évêque, à cause de sa dignité et parce qu'il ne peut être mis en cause personnellement par ses prêtres, qu'après avoir été averti par eux.

Ce devoir de la monition a été rempli.

Dans une lettre signée, adressée à Mgr Richard, ces faits épouvantables ont été révélés, mais l'archevêque de Paris n'en a tenu aucun compte et a répondu que tout cela n'était que racontars de sacristie.

2° La monition étant faite, nous n'avons qu'à nous conformer aux règles suivantes, indiquées par le Droit : « Les inférieurs ne doivent pas être » plus soumis qu'il ne convient à leurs supérieurs, » de peur qu'en ne l'étant trop ils ne soient pous- » sés à respecter leurs vices. Donc on doit les » admettre à accuser ces supérieurs. Négliger, » lorsqu'on le peut, de réprimer les méchants, » c'est en réalité se faire leur aide. Et celui-là ne » sera pas à l'abri de soupçons de complicité » occulte, qui ne prend pas la peine de s'opposer » à un crime manifeste (Gratien, can. 52, 55 » et 57). »

« Un clerc est coupable, s'il voit l'évêque, le » prêtre ou le diacre transgresser les règles salu- » taires tracées par le Siège Apostolique et qu'il » néglige de les déférer sans retard au Pontife » romain, en exhibant les preuves convaincantes » pour que la transgression soit punie chez ceux » qui l'ont commise, et que les autres ne les imi- » tent point en les transgressant à leur tour. Ceux

» qui agiront autrement ou qui s'imagineront
» qu'ils peuvent garder le silence sur ces trans-
» gressions, au lieu d'en informer le juge ou même
» l'ÉGLISE TOUT ENTIÈRE, seront comme des sui-
» cides, détruisant eux-mêmes leur ordre et leur
» rang [1] (Décret. Can. *Quapropter*). »

3° En conséquence, nous dénonçons juridiquement Passibonqueça, curé de Saint-Joseph, comme coupable de violation du secret sacramentel, et Mgr Richard, archevêque de Paris, comme ayant négligé son devoir de répression.

Nous sommes prêt à faire la preuve et à présenter les témoins. Si les faits allégués par nous ne sont pas prouvés devant le tribunal compétent et que nous soyons convaincu de n'avoir pas agi avec droiture et bonne foi, nous nous soumettons par avance à toutes les peines que le droit inflige aux diffamateurs ou aux imprudents.

« L'existence du Sacrement de Pénitence, dit
» Mgr Bouvier, évêque du Mans, et conséquem-
» ment l'existence de la religion dépendent du
» sceau sacramentel. »

1. Ordinis et honoris sui elisor erit, si cuiquam clericorum vel ECCLESIÆ TOTIUS AUDITUI hæc putaverit supprimenda.

Nous pensons comme lui.

Un malheureux prêtre, je ne sais par quel motif, légèreté ou vengeance, a violé cette loi fondamentale de la religion. Il faut donc l'écraser sous toutes les foudres de l'Église, faire un exemple terrible et salutaire, ou ni moi ni beaucoup d'autres ne nous confesserons jamais. Qui voudrait, en effet, s'exposer demain, par la faute d'un Passibonqueça, à devenir la fable et la risée de tout le monde?

Donc, pas de milieu : ou Passibonqueça convaincu et condamné; ou la confession démolie.

Je n'attaque pas le Sacrement, car je le dis bien haut, la Pénitence a été vraiment instituée par Jésus-Christ pour la rémission des péchés et le salut des âmes. Je sais qu'il répugne à l'homme orgueilleux ou corrompu de s'abaisser et d'avoir un cœur contrit et humilié ; mais je sais mieux encore que beaucoup d'hommes s'en détournent à cause des immenses abus de la confession qui viennent des prêtres.

Nous, chrétiens, nous faisons appel de ces abus au Chef de l'Eglise et au Concile du Vatican qui n'a pas achevé sa mission.

Il s'agit du salut de l'Eglise.

Caveant sacerdotes !

CHAPITRE VII

PASSIBONQUEÇA ET SES VICAIRES

M. Caron disait un jour à Passibonqueça : « Eh bien ! mon cher curé, que diriez-vous main-» tenant si vous aviez des vicaires qui seraient à » votre égard ce que vous avez été pour celui que » vous venez de quitter? »

Un autre prêtre éminent de Paris, apprenant comment Passibonqueça se comportait, disait : « Passibonqueça devrait être indulgent pour ses » vicaires, car lui-même n'a pas été tendre pour » ses curés ; d'ailleurs ne doit-il pas savoir par sa » propre expérience que certaine *vertu* n'est pas » si facile à pratiquer ? »

En effet, Passibonqueça, au lieu d'accuser ses collaborateurs, ferait bien

D'imiter de Conrart le silence prudent.

Mais c'est une manie chez lui. Attribuer aux autres les vices qu'il possède lui semble de bonne politique et la meilleure manière de cacher les siens. Nul n'échappe à ses insinuations perfides, à ses calomnies grossières.

Depuis quinze ans, Passibonqueça a usé vingt-six vicaires, il en aurait tué cinquante-deux, si l'archevêque écoutait les demandes de changement qu'on lui a adressées.

Avec un tel curé, Saint-Joseph est pour les prêtres la dernière et la plus redoutée des paroisses.

Dans ce chapitre je tiens à prouver que si, moi pauvre chétif, je meurs victime de sa langue empoisonnée, tous les autres vicaires ont souffert les mêmes douleurs.

Selon Passibonqueça, ils ont *tous* les vices. Or, leur passé intact, leur savoir, leur manière de vivre, l'estime publique qui les entoure démentent ces fausses allégations. Il reste donc que Passibonqueça est un menteur et un calomniateur.

Ce n'est pas moins fâcheux de vivre sous la direction de cet homme et de finir toujours par être victime.

Les bonnes paroles ont des ailes d'ange, les mauvaises sont poisseuses et collantes.

Je demande pardon à MM. les vicaires de Saint-Joseph de citer leurs noms et les sottes inventions de Passibonqueça sur leur compte; mais, une fois pour toutes, il faut faire justice de ce curé et l'empêcher de mordre à l'avenir.

Je ne parlerai que de ceux que j'ai plus particulièrement connus.

1° M. MILLET

Il y a beau temps que la langue de Passibonqueça aurait démoli et brisé l'abbé Millet, s'il n'eût été premier vicaire.

Passibonqueça déteste l'abbé Millet parce que cet abbé est un saint prêtre, neveu d'un autre saint, fondateur d'une communauté religieuse, destinée à la garde des malades. Ce fondateur est mort, et les bonnes religieuses, vénérant sa mémoire, demandent parfois au neveu quelques pieux conseils. Passibonqueça a tout travesti, tout souillé; mais la réputation de ces saintes filles et celle de l'abbé sont au-dessus de ces attaques ineptes, qui néanmoins contristent profondément, venant d'un curé de Paris.

Seul, l'abbé Millet peut dire tout ce qu'il a souffert de cet homme. L'ennui et le chagrin ont altéré sa santé, à tel point que chaque année il lui faut aller chercher sous un ciel plus clément le calme et le repos.

Pour Passibonqueça on n'a pas souvent raison d'être présent, mais les absents ont toujours tort.

2° M. MAGNE

L'abbé Magne a passé toute sa vie sacerdotale à Saint-Joseph. Il a été prêtre trésorier et est mort second vicaire. Passibonqueça le redoutait, parce que l'abbé Magne connaissait toutes les ficelles et bien d'autres choses encore. Mais aussi il fallait entendre comme en arrière Passibonqueça se vengeait en le méprisant et le vilipendant : « Ce gros » homme, disait-il, est un Auvergnat crasseux et » avare, un fourbe, un intrigant. Les sœurs n'en ont » jamais voulu comme aumônier et directeur du » catéchisme, parce qu'elles avaient de graves rai» sons pour le juger dangereux !... »

On ne réfute pas pareilles insanités.

3° M. LE GALLO

Hélas ! c'est de moi qu'il s'agit. Il m'est bien

pénible de remuer cette boue dans laquelle Passibonqueça m'a enseveli.

Selon ce misérable, j'avais à la fois la mère et la fille. La mère, veuve depuis six ans, avait accouché chez moi; la preuve en était que la bonne de Passibonqueça avait vu dans la cour de la maison refaire les matelas *sanglants*. La fille avait éprouvé le même sort, avec la circonstance aggravante que l'enfant avait disparu...

Quel tissu d'horreurs et d'invraisemblances!

J'avais avec moi mon père, vieillard respectable, qui certes n'aurait pas toléré pareils désordres. Eh bien! à lui aussi on fait jouer un rôle infâme...

J'ai voulu me défendre, me plaindre, porter des mémoires justificatifs à l'archevêché, j'ai toujours été repoussé avec perte et fracas par l'implacable Mgr Richard.

J'avais affaire à trop forte partie.

« Je fais ce que je peux, disait à tout le monde » Passibonqueça de son air le plus onctueux, » pour faire quitter son logement à ce *galeux*. » C'est un scandale dans ma paroisse. Je le fais » surveiller et je sais qu'il va dîner chaque jour » chez *sa fille*, qu'elle vient chez lui chaque soir. » Et ce malheureux prêtre ose soutenir qu'il n'y » a pas *ça* de péché véniel! »

Passibonqueça ment effrontément, il le sait; mais pour lui la fin justifie les moyens.

Il va jusqu'à supplier un député de mon département de me faire poursuivre judiciairement et de s'opposer de tout son pouvoir à ce que l'on me reçoive dans mon diocèse.

Quel acharnement!

Un jour, Passibonqueça, épouvanté par mes lettres de reproches, tombe assez gravement malade. Dans son délire il me voyait partout, ainsi que son autre bête noire, l'abbé Demnise. On lui donna l'extrême-onction. Croyez-vous qu'il ait voulu réparer le mal commis? Aux portes de la mort sa haine ne désarma pas.

Le délire avait fait tomber son masque d'hypocrisie. Ceux qui l'ont vu à ce moment se souviendront toujours de ses contorsions pleines de rage impuissante contre ses ennemis imaginaires. Si l'un de nous tout à coup eût paru devant ses yeux, il serait mort certainement d'épouvante et de fureur.

Il guérit, pour le malheur des autres.

Qu'avais-je donc fait à cet homme?

J'avais surpris les basses amours de ce monstre.

Alors, pour ôter toute créance à des révélation possibles, lui et son atroce vipère se sont acharnés à me flétrir, et, comme ils étaient les plus puissants, ils ont tué sans remords un témoin importun.

En effet, traqué de tous côtés, interdit, abandonné, ne sachant que devenir, réduit à la dernière misère, j'ai essayé de toucher l'orgue dans une petite église de banlieue, mais le chagrin me consume et je sens que je vais mourir...

Mourir! et laisser Passibonqueça dans son insolent triomphe! C'est trop.

Ma dernière parole sera un cri de vengeance.

O vous, nombreuses victimes de Richard et de Passibonqueça, vengez-moi, vengez-vous!

J'appelle de tous mes vœux la Révolution qui jettera à bas tous ces jouisseurs et nettoiera ces impures tannières.

Aux armes contre toute la canaille des repus! Sus à tous ces monstres avides! Prenons la torche, le fusil ou le couteau.

Quand passe la Justice, le Crime est absent.

Dynamitons rois, prêtres, propriétaires, bourgeois, soldats!

Plus de mangeurs ni de mangés!

Vive la fraternité universelle, l'humanité libre [1]!

1. Nous n'avons rien changé à cette terrible page du

4° M. BOZON

L'abbé Bozon dit un jour à des *amis* que Passibonqueça avait des petits yeux de cochon et qu'il en avait tous les appétits. Passibonqueça ne lui a jamais pardonné. Il l'a discrédité autant que possible, disant que chez « la Heudeline » (*sic*) il grimpait sur les tables, finissant par rouler dessous.

Lorsque cet abbé quitta brusquement la paroisse, Passibonqueça laissa sous-entendre qu'il y avait des motifs infamants.

Comme l'abbé Bozon est sorti de Saint-Sulpice, il ne lui a pas fait tout le mal désiré.

5° MM. DEMNISE ET ROCHE

L'abbé Demnise est une bonne et franche nature, un homme de grand cœur et de talent.

En 1875, curé en Lorraine, il fut condamné à trois mois de forteresse par les Prussiens, pour avoir défendu le mandement de son évêque et pour avoir fièrement, devant ses juges, exprimé ses sentiments patriotiques.

manuscrit de l'abbé Le Gallo. Quel désespoir! Pauvre âme ulcérée!

L'Abbé Julio.

Il vint à Paris, mais l'administration parisienne, loin de consoler et protéger ce vaillant Français, l'a abreuvé d'outrages et lui a jeté dédaigneusement un morceau de pain.

Passibonqueça a été son persécuteur acharné.

Diviser pour régner est la maxime de ce curé.

A force d'insinuations méchantes, il réussit à semer la zizanie entre deux confrères, l'abbé Demnise et l'abbé Roche. Ces deux prêtres en ont horriblement souffert et leur vie a été brisée.

Dans sa haine, Passibonqueça en est venu jusqu'à écrire une infâme lettre au frère de l'abbé Demnise, qui ne sut que deux ans après cette lâcheté. Étonné de cette persévérante froideur fraternelle qu'il ne s'expliquait pas, l'abbé demanda une explication catégorique et c'est ainsi qu'il connut la vérité.

Il serait trop long et par trop dégoûtant de répéter tout ce que Passibonqueça a inventé sur le compte de l'abbé Demnise.

Passibonqueça est habile. Il se dissimulait dans l'ombre et envoyait l'abbé Roche porter les plus odieuses calomnies à l'archevêché, qui est la plus grande boîte à cancans de tout Paris.

Mgr Richard en remontrerait à toutes les Pipelettes.

L'abbé Demnise, qui n'est pas un sot, fit signer

par *tous* les vicaires de Saint-Joseph une protestation, par laquelle ceux-ci témoignaient que lui Demnise avait toujours été pour eux un excellent confrère et que jamais ils n'avaient eu à se plaindre de lui.

Quel camouflet sur la joue du curé ! Il ne nous le pardonna pas, mais cette pièce sauva l'abbé.

Il fut simplement disgracié et jeté à Saint-Éloi sous les pieds d'un autre abominable curé, le fameux Grandsot-le-Chaste !

Mais, avant de quitter Saint-Joseph, le 7 janvier 1881, M. Demnise cracha à la figure de Passibonqueça tout son mépris, lui disant clairement ce qu'il vaut, ce qu'il est et ce qu'il mérite.

6° M. HOUSSAY

Le crime de celui-là fut d'avoir été l'ami de M. Demnise, d'avoir une nature droite et indépendante qui démasque l'iniquité et l'injustice, partout où elles se trouvent.

De plus, l'abbé Houssay, lorsqu'il était directeur de la Société de Secours mutuels de la paroisse Saint-Joseph, découvrit certaines indélicatesses et complicités qui lui valurent la haine du curé-président. Passibonqueça, craignant à bon droit le coup d'œil de cet homme dans les comptes fantastiques du budget paroissial, entreprit de s'en débarrasser par ses moyens ordinaires.

Comme les autres, M. Houssay a été dénoncé et vilipendé par Passibonqueça et insolemment menacé par Monseigneur Richard [1].

Mais il a bec et ongles.

Sans doute, c'est une lourde tâche, sinon une entreprise impossible, que de démolir ces deux puissants personnages. Malgré sa faiblesse, il vaincra peut-être, à cause de son énergie. En tout cas, il les aura fait connaître pour ce qu'ils sont.

Le souci de sa défense personnelle ne l'occupe guère, il vise plus haut. Il veut atteindre les abus, défendre les opprimés, ramener aux règles du droit et de la justice ces évêques et ces prêtres, qui les violent avec tant d'audace. Il n'est pas seul. Les victimes nombreuses, les esprits justes, les âmes fières, les travailleurs, les vrais prêtres, en un mot, sont avec lui. Il les a groupés, non dans la révolte, mais pour la défense des petits et le respect de l'autorité, quand elle est respectable.

Tout le monde connaît sa *Tribune du Clergé*,

1. Voir *Gorin et Cie* par Benoit Gogo, et l'*Archevêque de Paris et les Dames de Carreau* par l'abbé Julio.

ouverte à tous les persécutés, aux penseurs, aux hommes de foi et de combat qui aiment leur Patrie et l'Église : la Patrie grande et libre, l'Église douce et humble, non pas dominatrice, intolérante et rapace.

7° M. GILLOT

M. Gillot n'a pas non plus à se louer de Passibonqueça. Il a cependant rendu des services signalés à la paroisse, et, comme caractère, il est le plus doux et le plus tranquille des hommes.

Mais Passibonqueça, qui ne saurait dire du bien de personne, laissait entendre que son vicaire était incapable de monter en grade. C'est ainsi que ce bon abbé Gillot a souffert dix-sept ans sans se plaindre.

Le jour où l'autorité mieux éclairée l'a nommé second vicaire, comme il le méritait, a été pour lui un jour de délivrance.

8° MM. MARFOIN ET COTREAU

Tous deux n'ont fait que passer à Saint-Joseph et cependant ils en avaient déjà trop.

M. Marfoix, jeune prêtre plein de zèle et de piété, comprit bien vite qu'avec un tel curé tout bien devenait impossible. Il s'en plaignit amèrement à l'archevêché et demanda un autre champ à cultiver. Il fut exaucé.

M. Cotreau ne pouvait être vu de bon œil, puisqu'il était l'ami particulier de M. Demnise, mais Passibonqueça, impuissant à lui faire du mal, n'a été que sot et malhonnête à son égard.

9° M. ARTUS

M. Artus est un prêtre aussi modeste que savant. Il a été élève de l'astronome Leverrier et ses travaux météorologiques lui ont valu une récompense à l'Exposition universelle de 1878.

Plus tard, étant vicaires à Saint Joseph, l'abbé Artus et son confrère l'abbé Houssay entreprirent, sous la direction du savant abbé Moigno, de donner des conférences scientifiques avec projections à la lumière oxhydrique. Leur but était de rendre la religion attrayante et de mettre la science à la portée de tous, grands et petits. Ils réussirent admirablement à Paris, comme en province. Les évêques et les grands établissements d'instruction les ont toujours et partout accueillis avec la plus grande sympathie.

Leur ministère n'en souffrait nullement, puisque ces deux prêtres intelligents consacraient à cette œuvre leurs vacances ou leurs libres soirées. Mais ils comptaient sans la jalousie de Passibonqueça.

Comment! deux vicaires qui étudient, travaillent et se distinguent? C'est la condamnation de son ignorance et de son imbécillité.

D'abord la guerre est sourde, faite à coups de lettres anonymes : « Vous ne songez qu'à gagner de l'argent, vous êtes des saltimbanques » et autres aménités plus grasses encore.

Après les gros mots, les dénonciations; et Mgr Richard, le plus grand éteignoir du siècle, leur fit défendre de continuer. Enfin Passibonqueça a tout fait pour séparer les deux amis ; il a eu recours au mensonge, à la calomnie ; mais il en a été pour ses frais d'imagination. Le faisceau n'a pu être rompu.

M. Artus se venge en étudiant avec plus d'ardeur, en travaillant avec plus de zèle au salut des âmes.

De Passibonqueça délivrez-le, Seigneur.

10° M. BARTOLI

Il ne fait pas bon marcher sur les pieds de M. Bartoli. C'est du corse et du meilleur. Il a néanmoins subi le sort commun.

Passibonqueça le nomma directeur du patronage des jeunes gens. L'abbé Bartoli mit ce patronage sur un bon pied et lui attira de hautes protections, mais, entravé de toutes manières dans cet humble ministère par le curé lui-même, il donna bien vite sa démission.

Passibonqueça lui fait un crime de ses relations influentes et insinue que la politique perdra son jeune vicaire.

Passibonqueça dit encore que l'abbé Bartoli est couvert de dettes, quand nous savons qu'il possède de grands biens dans son pays.

Enfin, parce que l'abbé Bartoli a conservé un petit accent national, qui n'est pas trop désagréable, Passibonqueça s'en moque en disant qu'il ne sait pas prêcher, etc.

Ce ne serait pas complet si l'abbé Bartoli n'avait, lui aussi, sa petite note égrillarde. En effet, un jour qu'il avait remisé de bonne sorte le jeune et inconséquent Loulant, protégé de Passibonqueça, il reçut dès le soir même, dans son confessionnal, une longue épître anonyme contenant les plus odieuses accusations. Il était facile de deviner quels en étaient les auteurs, puisqu'en même temps Passibonqueça remettait à M. Bartoli une autre lettre qu'il s'était adressée à lui-même et qui contenait les mêmes allégations.

Naturellement le curé disait avec son sourire mielleux qu'il croyait à l'entière innocence de son cher confrère, mais il lui recommandait tout particulièrement le silence et la résignation.

Pax in Christo! comme il écrit en tête de toutes ses lettres.

Cafard, va !

Mais l'abbé Bartoli, qui devine d'où lui vient le coup, ne fait ni une ni deux ; il porte à Mgr Richard ces deux lettres, dit carrément que les auteurs sont Passibonqueça et Lonlant, et, puisqu'on l'attaque aussi grossièrement dans son honneur, il va de suite porter plainte à la préfecture de police, qui fera une enquête et saura faire punir les coupables.

L'archevêque l'apaise et lui dit qu'il ne recevra plus rien désormais.

De retour à Saint-Joseph, l'abbé raconte au curé sa démarche, lui défend de jamais parler de lui en bien comme en mal, ou il lui servirait, selon le mode corse, une râclée soignée.

Passibonqueça se le tint pour dit, et depuis lors jamais ne revint lettre anonyme à l'abbé Bartoli.

Venir à Saint-Joseph est un grand malheur pour un jeune prêtre plein d'intelligence et d'avenir.

11° M. PILET

C'est le prêtre habitué, le condamné aux galères, le souffre-douleur du curé. Et cependant l'abbé Pilet, respectable vieillard, vaut, par son cœur et sa piété, cent fois Passibonqueça.

Mais, hélas! il dépend du patron. Un seul mot peut le réduire à la plus noire misère.

Entraîné par le bon droit, il eut, un jour, le malheur de signer la protestation favorable à M. Demnise. Passibonqueça, furieux et ne pouvant s'attaquer aux autres, empoigna le pauvre père Pilet, l'appelant *cornichon*, *imbécile*, *insolvable*, *faux-bonhomme*.

Et le prêtre, sous cette avalanche de grossièretés, dut baisser la tête.

Horreur!

12° EMPLOYÉS

Qu'un employé ait le malheur de déplaire, en parlant, par exemple, ne serait-ce qu'une fois, à un vicaire détesté, non seulement il sera révoqué, mais, par tous les moyens possibles, Passibonqueça l'empêchera de trouver une place quelconque. Ce n'est pas assez : la vengeance pastorale le poursuivra dans ses enfants et les enfants de ses enfants. Il usera, pour atteindre son but, des calomnies même les plus ignobles. La famille Roger en sait quelque chose et ne me démentira pas.

Si, au contraire, l'employé plaît au patron, son sort est assuré. C'est ainsi, qu'en moins de vingt ans, un sacristin, de n'importe quelle église de Paris, peut se retirer avec cinq mille francs de rentes, sans compter maisons et vignes au pays. La place est bonne !

Un bedeau au cœur brûlant ne se donnait même pas la peine d'emmener chez lui les demoiselles distinguées dont nous avons parlé ci-dessus ; il opérait sur place, en leur enseignant des *oremus* toujours nouveaux. Passibonqueça, informé, le garda quand même et ce ne fut que devant l'indignation générale qu'il dut s'en séparer.

Zuttmann, un autre employé, et frère Lourdaud se traitent souvent en pleine sacristie comme chiffonniers en rigolade. Passibonqueça, qui aime les *engueulements*, écoute et n'intervient jamais.

Avouons que ce monde des sacristies est un drôle de monde !

CHAPITRE VIII

OU L'ON CHERCHE LES VERTUS DE PASSIBONQUEÇA

. . . .

. . . .

. . . .

. . . .

. . . .

. . . .

. . . .

. . . .

. . . .

. . . .

. . . .

. . . .

. . . .

. . . .
. . . .
. . . .
. . . .
. . . .

Rien !

CHAPITRE IX

OU L'ON TROUVE LES VICES DE PASSIBONQUEÇA

1° IGNORANCE

Passibonqueça est un âne. Frottez tant soit peu le vernis parisien dont il s'est badigeonné et vous verrez poindre ses deux longues oreilles.

Ses études ont été absolument nulles et depuis il n'a jamais ouvert un livre.

Au petit séminaire il était du même cours que M. de Forceville, actuellement curé de Clamart. Tout le monde sait que dans chaque classe brillent deux célébrités : le premier et le dernier. Or, M. de Forceville, malgré une lutte acharnée, ne put jamais atteindre le second genre d'illustration, qu'il ambitionnait cependant, qu'il disputa même avec opiniâtreté. Passibonqueça l'emporta et fut toujours au-dessous de zéro. « J'ai eu beau » faire, dit souvent le curé de Clamart, moi, For- » ceville, je n'ai jamais été de cette force-là ! »

Un autre témoignage non moins convaincant. Mgr Larue, ancien curé de Bercy, aujourd'hui évêque de Langres, par la grâce de ses deux neveux, brave homme du reste, bonne moyenne de capacité, a dit en parlant de Passibonqueça : » Nous avons fait ensemble nos études théologi- » ques, je puis assurer que, soit en classe, soit » aux examens, Passibonqueça n'a jamais pu » dire mot qui vaille. »

M. Millet, de son côté, affirme hardiment et peut en donner d'incontestables preuves que son curé n'a jamais su sa théologie et que dans une paroisse il ne peut faire que des sottises.

Il ne sait pas dire la messe et est incapable de comprendre même le latin de son bréviaire.

Il ne sait pas deux mots d'orthographe. Ainsi dans une lettre adressée à l'un des vicaires de Saint-Joseph, pour lui demander la raison de la froideur extraordinaire que celui-ci témoigne à l'égard de son ex-pasteur qui est si bon, qui est si, etc., Passibonqueça commet une douzaine de fautes grossières dans le genre de celles-ci : « M. Gindre parla et *compris* que... La paix a *régnée... qu'ais-je fais*... etc... etc... »

Son pont-aux-ânes a toujours été l'arithmétique et sur ce point sa science est facile à résumer. Dans une addition de *casuel*, 5 et 7 font 15 ; il fait de nombreuses soustractions dans la poche des naïfs ; il étudie les mystères de la multiplication avec deux élèves dociles, les deux Caporales ; et quant à la division, il la sème partout.

Et dire que d'un tel ignare on a fait un curé de Paris et qu'il a la prétention de devenir évêque ! Pourquoi pas ? Lui aussi joue de la *flûte*.

Mais, disent les âmes candides, il a fait des cantiques, des compositions, des prières qui respirent la plus douce piété et font les délices des dames, parce qu'ils sont imprimés en bleu tendre ou sur fond or.

Quoique ces cantiques ou prières ne contiennent que des banalités, c'est cependant trop fort pour Passibonqueça. A part ses petites devises chéries que nous connaissons : *Tout pour Dieu et les affligés*, etc. ! il n'y a pas un mot de lui dans ses compositions. Les unes, il les a fait faire à tant la ligne courante ; les autres, il les a volées sans scrupule à un confrère.

Le malheureux n'a pas au cœur la moindre poésie.

En vertu de cette sainte ignorance qu'il entretient avec tant de soin, Passibonqueça commet des hérésies monstrueuses, des sottises plus hautes que la colonne Vendôme.

Relevons quelques-unes de ses moindres gentillesses, elles méritent de passer à la postérité.

« Il n'y a qu'un seul Dieu, en trois personnes:
» le Père est seul vrai Dieu; le Fils l'est aussi,
» mais moins; le Saint Esprit ne l'est que par
» approximation. »

« Notre Seigneur, dans sa charité, se mettait
» à la portée de tout le monde; il ne refusait mê-
» me pas, en traversant le lac de Génézareth, de
» faire *une partie de cartes* avec ses apôtres!»

Tous les quinze jours Passibonqueça confesse et donne, dit-il, l'absolution à deux enfants de 13 et 14 ans qui n'ont pas encore été baptisés, mais il fera une belle cérémonie la veille de la communion.

Pour les catéchismes, il est très large. Il suffit pour lui qu'on vienne une fois par mois et aurait-on manqué toute l'année, l'enfant est réintégré quand même sur simple demande.

Aux examens de première communion, il se trouve quelques enfants absolument incapables de comprendre ce grand acte. Aucun des vicaires ne veut en les recevant engager sa conscience. Passibonqueça leur tapote sur la joue et les voilà reçus d'emblée.

Le jour de la grande cérémonie, il donne lui-même la communion aux enfants ; il ne dit pas un mot de la formule, fait baiser ses doigts aux garçons, passe la main sous le menton des fillettes en leur disant : « Allons ferme la bouche et laisse fondre avant d'avaler... Prie pour tes parents.»

Le 2 mars 1886, il se vante d'avoir confessé un malade sans qu'il s'en aperçoive, et lorsqu'on vient l'avertir que le mourant a recouvré l'usage de son intelligence : « Bah ! répond-il, il a tout ce qu'il lui faut. »

Dans une autre circonstance il donne à une religieuse trois fois dans la même soirée l'Extrême onction. Passibonqueça posait pour la galerie. Il recommençait l'opération, chaque fois qu'une nouvelle dame patronnesse arrivait.

Les lois générales de l'Eglise, ainsi que les règlements particuliers du diocèse, lui sont totalement inconnus, ou pour mieux dire, il s'en moque.

Il baptise tous les enfants qui se présentent, qu'ils soient de la paroisse ou non, qu'ils aient 9,

15 ou même 20 ans, qu'ils soient instruits ou ignorants. Il ne s'informe de rien.

« Je suis dans une paroisse de sauvages, dit-il, et je les traite en sauvages. »

Flatteur pour le faubourg du Temple !

« D'ailleurs, ajoute-t-il, je mets une fausse adresse et le tour est joué. »

Un faux lui coûte si peu !

Un jour, l'enfant qu'on présente a déjà été baptisé par un prêtre de Châteaudun. Cela ne fait rien. Passibonqueça recommence tout de même, car la mère, désirant un secours, avait demandé le curé comme baptiseur et parrain ; elle avait de plus invité toutes les commères du quartier. Pour tout au monde, Passibonqueça n'aurait voulu manquer sa représentation.

Une autre fois, il rédige un curieux acte de baptême. Il n'y a ni le nom du père, ni le nom de la mère, ni domicile, ni nom de témoin, excepté le sien. C'est Victor ou l'enfant du mystère ! Comment vérifier plus tard si le baptême a été donné ?

Curieux de savoir comment il administrait ce sacrement, j'assistai à un de ses fameux baptêmes. Jamais, non, jamais je n'ai vu chose si drôle ! Toutes les cérémonies prescrites sont faites de travers, il saute la moitié des prières et quand arrive la partie essentielle du sacrement, voici comme il procède. Il verse une ou deux gouttes, ça touche si ça peut; puis il prononce cette mémorable formule, digne de passer à la postérité :

« Ego te baptizo, allons tais-toi, mon petit coco; in nomine Patris, il est bien gentil ; et Filii, mimi! et Spiritus sancti. Amen ! Ça y est !!!!! »

Enfin, Passibonqueça fait prononcer à ses Dulcinées un quatrième vœu destiné, selon lui, à remplacer tous les autres, parce qu'il est le plus ultrà de la perfection. Je vous le donne à deviner en mille...

C'est le vœu de ne jamais se confesser à d'autres que lui, Passibonqueça, en sorte que pendant ses vacances, durant ses maladies, ces bonnes âmes ont la permission de faire chaque jour la communion sans aller de nouveau à confesse, son absence devrait-elle durer six mois, un an, comme effectivement le cas s'est présenté et a été fidèlement observé.

Après une pareille cocasserie, il faut tirer l'échelle.

2° VANITÉ

Passibonqueça est un curé en baudruche, tout gonflé de vanité. Piquez là dedans, il n'en sort pas même du vent. Rien dans le cœur, rien dans la tête !

Sa modestie consiste à parler toujours et sans cesse de sa précieuse personne : dans ses conversations particulières comme dans ses sermons, c'est toujours le *je* qui domine ; sans vergogne, il se donne pour le modèle de toutes les vertus : c'est lui qui a fait cette charité, c'est à lui qu'on attribue cet acte de sainteté, et ceci, et cela, qu'à la fin on est énervé de l'outrecuidance de ce faquin.

Quand on ne chante pas ses louanges assez haut et qu'il se croit trop oublié, il a recours à de petites industries fort curieuses, qui prouvent son esprit inventif, toujours à l'affût de ce qui peut lui donner du relief, attirer l'attention du public. Si les petits moyens ne réussissent pas, il frappe un coup de tam-tam retentissant.

Nous en citerons quelques exemples au hasard.

Il fait vendre son portrait chez les libraires du faubourg du Temple et se fait exposer, considérablement agrandi, chez les photographes. Quand la vente ne va pas, il le prodigue gracieusement à tout venant. Toute sa smala de vieilles toquées en possède des douzaines. Lorsque revient sa fête (la saint Victor), Passibonqueça, après le baiser fraternel après lequel ces hystériques soupirent, comme *la colombe cachée dans le trou de la pier-*

re soupire vers son pigeon, Passibonqueça, dis-je, leur donne une nouvelle portraiture au dos de laquelle il écrit dévotement : *Tout pour Dieu et les affligés !*

Il donne pour être vu, pour se rendre populaire. Il jette par sa fenêtre lettres et demandes de secours qui lui sont adressées, afin que tout le monde lise les fades compliments qu'on lui décoche sur sa bonté si connue, son cœur si généreux. Il a trouvé mieux encore : au lieu de rentrer chez lui, 166, rue Saint-Maur, par le chemin le plus court, il fait un long détour par la rue Anthony, sème quelques lettres derrière lui, raccole les enfants et leur distribue force dragées, Petites Lectures et jusqu'à des petits verres de liqueur chez le mastroquet du coin.

Pourvu qu'il soit suivi, entouré en pleine rue, qu'on dise de lui : « Oh ! le brave homme ! voyez, comme il est populaire ! » il est heureux.

Oui, il est populaire, mais il descend jusqu'à la populacerie. Avec les voyous, il parle voyou et se plait d'avoir autour de lui des vingtaines de galopins et de galopines de tout âge, qui le suivent en se bousculant ou en lui donnant des coups de poing.

Il y a peu de temps, dans la rue de l'Orillon, les voyous le serraient de près et comme il avait à la main le porte-monnaie bien garni, l'un d'eux lui passe délicatement la jambe, l'étend dans le ruisseau et se sauve au galop avec la bourse.

Passibonqueça se relève en souriant d'un air béat, pour montrer à toute la galerie combien il avait de patience et de douceur; mais pour qui le connaît, il devait joliment rager. Le soir, à la sacristie, il le fit bien voir.

Dans la même journée, il chante la palinodie. Il vante ses grands quartiers de noblesse; il prêche si bien les retraites d'enfants, il est si connu, qu'une petite fille du *grand* monde du Gros-Caillou a *juré* qu'elle ne ferait sa première communion que lorsque la retraite serait prêchée par lui, Passibonqueça. Et elle a tenu parole.

C'est lui, Passibonqueça, qui nous débite ces bourdes sans rire.

Enfin, il entretient pendant ses vacances de longues correspondances avec les bonnes, les folles et les dévotes, ce qui est tout un. Ce n'est pas que la lecture de ces pieuses élucubrations, semées d'une orthographe fantaisiste, soit bien attrayante en elle-même, mais Passibonqueça y trouve une naturelle occasion de parler de lui, de dire qu'on l'a reçu dans les châteaux, qu'il brûle d'un saint zèle pour ses paroissiens absents.

Pax Christi!!!

Tout pour Dieu et les affligés!

Le drôle sait qu'il s'adresse aux meilleures trompettes de la renommée, qui publieront *urbi et orbi*, avec commentaires et amplifications, les innombrables vertus de l'incomparable Passibonqueça!

Nous avons eu l'occasion de lire quelques-unes de ces onctueuses correspondances, où ces prophétesses hystériques entonnent avec leur curé le cantique des cantiques :

« Elles comparent leur père chéri, leur père si » bon à la colonne fondamentale (*sic*) de l'Eglise ; » elles soupirent après lui, comme le cerf altéré » après la fontaine d'eau vive; elles baisent pieu- » sement ses pieds, comme Madeleine ceux de » Jésus, etc., etc. »

Pauvres colombes roucouleuses! Et lui, l'imbécile, s'abaisse à répondre à ces insanités, reçoit sans sourciller ces coups brutaux d'encensoir de la part de ces vieilles parcheminées, maigries de leurs désirs inassouvis et qui sentent le rance. Quel goût, bon Dieu!

Mais il y a chez lui la sacrée soif de la popularité! Pour elle que n'a-t-il pas fait et que ne ferait-il pas ?

Quand on est six mois sans parler de lui, il est

désolé et tombe malade. Il saisit aux cheveux la première occasion qui se présente et fait composer, quand il le peut, des articles retentissants dans les journaux.

Ainsi, en 1875, il y eut grande fête à Saint-Joseph pour la bénédiction des cloches de la nouvelle église. Madame de Mac-Mahon était la marraine ! Il y eut dans le *Figaro* grand article à carillons, et, comme Passibonqueça l'avait dicté, il se mettait au premier rang, ne parlant que de la charité de ce nouveau curé si plein de dévouement, si aimé déjà, si, etc.

En cette même occasion, il adressa au cardinal une allocution en français *Passibonqueça* et entreautres perles de littérature, il y avait celle-ci :

« Éminence, la paroisse Saint-Joseph dont » vous portez le nom, dont vous retracez les ver- » tus... »

Ainsi le *vénéré* cardinal s'appelait : *Hippolyte paroisse Saint-Joseph Guibert!*

En 1880, il s'agit d'une bénédiction des écoles libres, Mgr Richard vint et pontifia, mais le lendemain le *Français* donne un compte rendu, où il n'est question que de Passibonqueça et de ses vertus. La cérémonie, l'archevêque sont des incidents peu dignes d'attention.

Lui, toujours lui!

« On l'a accueilli avec des applaudissements, » il a prononcé un éloquent discours, écouté » avec une religieuse attention par cette popu- » lation intelligente, qui aime avec tant de pas- » sion ce pasteur *si bon*, si dévoué, etc. C'est » ce même pasteur qui autrefois se distinguait » d'une si brillante façon à ce fameux incendie des » usines de la rue Saint-Maur. »

Or, Passibonqueça n'arriva que lorsqu'il n'y avait plus de danger et seulement pour distribuer ses fades compliments, ses ridicules bénédictions aux rudes travailleurs qui, eux, avaient risqué leur vie.

Mouche du coche et ridicule vanité!

3° AMBITION

Tout ce déploiement de vanité n'a qu'un but : se faire nommer curé d'une grande paroisse de Paris, puis évêque.

Passibonqueça sait bien que, pour atteindre de tels sommets, le talent ou la dignité de la vie ne sont guère de mise; l'intrigue, la bassesse et une certaine renommée, soufflée à la manière des omelettes, sont de bien plus puissants facteurs.

Cet ardent désir de l'épiscopat s'échappe parfois de ses lèvres en curieuses révélations.

Ainsi, par exemple, le dimanche il épanche son âme devant quelques pauvres vieux et vieilles de la *Sainte Famille*, qui paient en basses flagorneries le maigre secours que le curé leur accorde. Faute de mieux, Passibonqueça se nourrit voluptueusement de ce grossier encens. Dans ce petit comité, où nul contradicteur n'est à craindre, Passibonqueça se déboutonne volontiers et prononce de petits *speechs* dans le goût de celui-ci :

« Mes pauvres vieux, vous savez que je me dé-
» pense tout entier pour vous. Je vous donne tout,
» ainsi qu'à mes chères écoles et il ne me reste
» plus rien. Par conséquent, je n'ai plus qu'à vous
» donner ma culotte, mais elle est trop vieille et
» trop rapiécée, vous ne sauriez qu'en faire. On
» dit partout que je suis nommé évêque. Cela ne
» me surprend qu'à demi, mais je préfère rester
» parmi vous. Si le pape m'y forçait, ma plus
» grande peine serait de vous quitter, car vous
» savez combien je suis connu et aimé dans la
» grande paroisse de Saint-Joseph. J'ai une
» énorme influence au grand séminaire, sur
» *notre vénéré* cardinal et sur son *digne* coad-
» juteur. Je suis au mieux avec les comtesses, les
» duchesses et les marquises du grand quartier
» Saint-Germain. Quand je vais les voir, elles me
» disent toutes : Eh ! mon bon curé, venez donc

» parmi nous, vous qui avez été élevé avec nous,
» qui êtes si distingué, etc. Je ne dis pas tout
» pour ne pas faire rougir ma modestie. Mais je
» leur réponds : Non, non, mesdames, je ne veux
» pas quitter une paroisse si pauvre, où il y a
» tant de bien à faire, je me plais au milieu des
» pauvres et je veux mourir en leur faisant du
» bien. Tout pour Dieu et les affligés ! Pénétré de
» ces sentiments, etc .... »

Il débite tout ça avec un imperturbable aplomb.

Quand Mgr Lavigerie fut nommé évêque de Nancy, Passibonqueça, qui avait été son condisciple, quémanda un titre de chanoine honoraire avec une telle insistance, que l'évêque, fatigué de ses obsessions, finit par lui donner la mozette tant convoitée.

Passibonqueça ne peut la porter dans son église à son grand regret. En revanche, il la porte à toutes les retraites qu'il prêche et le jour de sa fête il couche avec, pour la plus grande joie de sa cuisinière.

En 1879, le siège épiscopal d'Amiens était vacant. Passibonqueça alla, dans le plus grand secret, faire une tournée auprès des dignitaires ecclésiastiques de la ville, en vue de poser sa candidature et faire croire que près du ministère des cultes il était candidat agréable, sinon tout à fait agréé. Le curé de la cathédrale, dont nous tenons ces détails, offrit même un grand repas de cérémonie en l'honneur du futur évêque.

La vérité est qu'au ministère il n'a pas été un seul instant question de cet homme ridicule.

Si Passibonqueça veut savoir jusqu'où peuvent aller ses espérances, il n'a qu'à consulter le dossier qu'on lui a dressé rue Bellechasse.

L'épiscopat évanoui, Passibonqueça a visé toutes les belles cures vacantes. On ne saurait dire les démarches qu'il a tentées dans ce but. Bien inutiles, hélas! car à l'archevêché aussi, Passibonqueça est jaugé. On le regarde comme l'être le plus incapable qui existe.

Il a demandé Saint-Paul-Saint-Louis, Chaillot, Saint-Eustache; il a osé ambitionner Saint-Vincent de Paul et Notre-Dame de Lorette; il s'est rabattu sur Notre-Dame. Peines perdues, il le voit bien maintenant. Aussi se désole-t-il. « Il se » plaint tout haut qu'on ne lui donne pas l'avan- » cement qu'il mérite; on le tient à l'écart et en » suspicion, il ne sait trop pourquoi. Sans doute » qu'il est desservi par son premier vicaire, mais

» ses talents, sa grande popularité le feront percer » quand même. »

Si jamais nous avons quelque influence, nous donnerons entière satisfaction à Passibonqueça, en le nommant évêque d'Hypocritopolis, *in partibus mendicantium !*

4° HYPOCRISIE

A entendre Passibonqueça, il n'est aucun prêtre sur la terre aussi saint, aussi ardent que lui au salut des âmes.

« Le zèle de la maison du Seigneur, s'écrie-t-il, » me dévore. Ma mère, cette bonne mère qui » m'aimait tant et dont je vous ai déjà parlé, » demeurait avec moi, lorsque j'étais vicaire. Un » jour, elle me vit rentrer tout triste, je ne pouvais » manger.

— » Mais qu'as-tu donc, mon cher enfant ?

» J'éclate en sanglots.

— » Mère, mère, m'écriai-je, embrasse-moi,... » console-moi,... je ne saurais manger quand une » âme va périr et se damner... J'ai vu tantôt un » pauvre pécheur qui n'a pas voulu se confesser...

— » Ah ! mon enfant, que tu es bon et comme » tu aimes les âmes ! Prions pour ce pauvre déses» péré. Dieu nous entendra.

» Et tous les deux nous nous jetons à genoux » et nous prions avec ferveur.

» Une heure après, le cœur de l'impie s'était » fondu et il me demandait à grands cris, il ne » voulait pas d'autre confesseur que moi. Je lui » donnai tous les secours de notre sainte religion » et je reçus son dernier embrassement dans la » paix du Seigneur.

» Dieu avait fait un miracle en considération » de ma *sainte* mère ! »

Menteur et hypocrite !

Passibonqueça vante son immense charité, et il ne donne pas un sou de sa poche. Il vante sa paternelle douceur avec ses confrères, et son âme n'est remplie que de fiel. Il vante sa profonde humilité, et il enrage de ne pouvoir monter plus haut. Il vante sa tendre piété, lui dont le cœur n'a jamais eu le moindre élan d'amour divin. Cet homme est complètement desséché, jamais une prière n'a jailli de ses lèvres.

Il ne dit son bréviaire que pour la frime, lorsqu'il trône au chœur sur sa stalle curiale. Si l'office dure six heures, il dira son bréviaire pendant six heures de suite, mais il est toujours à la même page en tout temps. S'il n'y a pas d'assistance publique, il est quitte de toute obligation.

Il n'a jamais récité un chapelet de sa vie et la chose est si évidente, que les dévotes de la paroisse se sont cotisées pour lui en envoyer un, gratis. Passibonqueça ne s'est pas vanté de l'envoi et n'a pas chapeletté davantage.

Chaque année, il va en retraite, dit-il, pour le bon exemple et se faire bien noter, mais c'est dans un château qu'il se goberge. Quand il la fait au séminaire, il forge avec les curés de nouvelles calomnies, il se moque avec les vicaires du prédicateur, puis avec les autorités il vante ce même prédicateur et rampe prosterné dans la poussière.

Il ne croit pas aux Vierges de Lourdes et de la Salette. « Ce sont des farces, dit-il. » Il n'a peut-être pas tort, mais il me semble que c'est bien imprudent à lui, qui, devant Mgr Richard, pose pour le mystique. Mais, ce qui est plus grave, il ne croit pas du tout à la sainte Vierge. Il n'avoue cela que lorsqu'il est un peu pompette.

Croit-il à la présence réelle dans l'Eucharistie? J'en doute fort d'après sa conduite en toute occasion. A la procession de la Fête-Dieu il prend l'ostensoir d'une main, presque sous son bras, et de l'autre il donne des bénédictions épiscopales à droite et à gauche, fait des signes de croix à travers les cheveux des fillettes, ou dépose son saint sacrement sur le front des femmes qui lui plaisent.

Arrivé au chœur, il recommence la même cérémonie tout le long de la table sainte.

— « C'est un comédien de religion, dit l'abbé » Demnise.

— » Il n'a pas la foi, répondent en chœur les » vicaires de Saint-Joseph.

— » C'est un paillasse, s'écrie l'abbé Gardey, » curé de Sainte-Clotilde, après l'avoir entendu » prêcher; jamais il ne reviendra dans mon église, » tant que je serai curé.

— » C'est une canaille, murmure M. Guédon, » curé de Saint-Ambroise. » Il faut avouer que Passibonqueça le lui rend bien. Ils se confessent l'un à l'autre.

Et nous, nous ajoutons :

Passibonqueça est le mensonge, l'hypocrisie incarnée. Voyez-le : sa marche onduleuse est celle du serpent. Il ne regarde jamais en face. Quand il passe devant sa victime, il la salue obséquieusement. Comme la bête venimeuse, il lèche avant de mordre.

Il ment partout et toujours. Les choses saintes ne sont pour lui qu'un moyen de parvenir.

Un tel curé pour une paroisse est le plus terrible des fléaux. De même qu'une plante frappée d'un implacable soleil dépérit et meurt, ainsi en est-il depuis quinze ans de la paroisse Saint-Joseph. C'est une paroisse morte.

Des âmes pieuses et intelligentes (il en est encore à Paris quelques-unes) ont vu la cause du mal, elles ont prié pour sa conversion.

Peine inutile ! La conversion de Passibonqueça serait un miracle plus grand que de remettre une tête sur les épaules d'un guillotiné.

Dieu n'a jamais fait et ne fera jamais ce double miracle.

5° AVARICE

Passibonqueça gagne vingt mille francs par an, sans compter les tours de bâton. Il n'en dépense pas plus de quatre mille pour l'entretien de sa maison. De sa poche il ne donne pas un sou aux pauvres et pour eux il reçoit au bas mot quinze mille francs ! Je doute fort de la répartition complète. Que fait-il alors de la différence ?

L'abbé Magne, qui le connaissait bien, affirmait que Passibonqueça possédait plusiuers centaines de mille francs bien placés en titres espagnols et autres valeurs de tout repos. Il en a des liasses, et pour tout au monde il n'y touchera jamais.

« J'aurais pu me faire de bien plus belles économies, disait-il, mais la Quatrofin et les Caporales sont des ruines. »

Lors de la laïcisation des écoles, Passibonqueça fut cruellement éprouvé. Son avarice et son ambition se livrèrent un rude combat. Il tremble pour sa bourse, cependant il sent la nécessité de faire du zèle pour être bien noté. Comment se tirer de là? Il raconte d'un ton pleurard « combien » il est désolé de ce que le cardinal ne lui donne » pas un sou pour ses écoles. Il va se saigner aux » quatre membres, dépenser tout son bien patri- » monial. Quel immence sacrifice ! »

Et pendant qu'il geint si péniblement, il met sur le dos d'une âme généreuse tout le loyer à payer ; il fait des quêtes à domicile et rançonne ses bonnes dames ; il reçoit de M. de Cossé sur la succession de Mme de la Châtre, propriétaire au Grand-Quevilly (Seine-Inférieure) une somme de quarante mille francs! Qu'en a-t-il fait? Il est incapable de justifier l'emploi de toutes les sommes qu'il a reçues.

Loin de s'être ruiné, comme il le crie à tous les

échos, cette occasion de faire la charité l'a enrichi.

Le premier supérieur de cette école libre des Frères s'appelait frère Azirien. C'est un homme d'une intelligence rare et excellent administrateur. Grâce à lui l'école fut en peu de temps mise sur un très bon pied et parfaitement organisée. Mais le *cher Frère* connaissait par les donateurs mêmes l'origine et la quantité des dons offerts. Sa perte fut résolue par le curé, qui s'y prit de la façon suivante.

Passibonqueça cria bien haut que frère Azirien le ruinait; qu'il avait dépensé dans les constructions dix mille francs de plus qu'il n'était convenu ; que le Directeur faisait des ripailles insensées avec tout son personnel, etc.,etc. Or, le devis, qui avait été approuvé par le curé lui-même, s'élevait à trois mille francs, et le frère Azirien avait dépensé *trois mille soixante quinze francs!*

Ennuyé des réclamations et des criailleries sempiternelles de Passibonqueça pour une somme si minime, frère Azirien va trouver un de ses amis, avoué, rue de Grenelle, qui était chargé de distribuer en bonnes œuvres à son choix une somme de quinze mille francs au nom d'un de ses clients. Le bon Frère explique ses ennuis et reçoit aussitôt une somme de trois mille francs, qu'il remet à Passibonqueça, en lui disant : « J'espère, M. le Curé, » que vous ne me réclamerez plus les soixante- » quinze francs dépensés en trop. »

Le lendemain, Passibonqueça dénonçait le Directeur à la rue Oudinot et l'accusait de lui avoir volé trois mille francs ! Le frère Azirien sur-le-champ était expédié à Rouen dans une position inférieure. Il obéit sans murmurer, mais au bout de quelque temps il demanda humblement à ses supérieurs la cause de sa disgrâce. Ceux-ci lui répondirent par l'envoi de la lettre dénonciatrice de Passibonqueça. Frère Azirien, suffisamment édifié, lui écrivit á son tour une lettre que Passibonqueça ne montrera jamais, j'en réponds.

Ce n'est pas tout. Passibonqueça grapille dans le champ de ses vicaires.

Pour le service de l'hôpital Saint-Louis, pendant les vacances de l'aumônier titulaire, Passibonqueça recevait de l'archevêché mille francs à distribuer aux vicaires qui feraient ce service. La première année le bon curé les mit sans façon dans sa poche. L'année suivante, il fut moins heureux, car une démarche officielle le força de remettre à ses *chers coopérateurs* ce qu'il retenait indûment.

En 1881, un saint et savant prêtre, le vicomte de Kersolon, autrement dit Jean Loyseau, vient prêcher le mois de Marie à Saint-Joseph. Passibonqueça est furieux en même temps que désolé de nourrir pendant un mois entier ce pauvre vieillard. Cela va lui coûter les yeux de la tête. Naturellement Caporale major, la servante-maîtresse, renchérit, et ces deux êtres malfaisants lui jouent un tour pendable. Comme ils n'en veulent pas, et pour cause, dans leur ménage, ils envoient M. le prédicateur dans une grande et froide pièce au-dessus de la sacristie, où il couche sur deux fauteuils. La Caporale lui apporte ses repas en maugréant, et un beau jour, pour complaire à son maître, elle laisse pendant quarante-huit heures, enfermé dans sa chambre et sans nourriture, ce pauvre prêtre, qui n'osa pas se plaindre de ce mauvais traitement.

Mais à la fin du mois, Passibonqueça s'indemnisa doublement de ces extraordinaires dépenses, en se faisant payer par la fabrique et en rognant les honoraires du prédicateur.

Chaque année, Passibonqueça invite ses vicaires en deux occasions solennelles : le jour de sa fête et à la première communion. Ce n'est qu'à son corps défendant et il fait bien voir qu'il n'est qu'un rat ratichonnant. Le bon père Pilet, dont nous avons déjà parlé, prête habitué hélas! à toutes les basses besognes, sert sur les ordres de Passibonqueça le café à ces grands dîners officiels. Rien de plus amusant que de voir le curé le suivre avec ses petits yeux inquiets, surtout au moment où le *bonhomme* verse la liqueur ambrée en flots trop généreux. Passibonqueça laisse échapper sa douleur : « Voyez, dit-il, cet » imbécile, il n'en verse beaucoup que pour s'em- » piffrer davantage, le vieux paillard ! »

6° LUXURE

Quand un homme prête aux autres avec tant de générosité ce vice de paillardise, vous pouvez affirmer, sans crainte d'erreur, qu'il l'a lui-même au grand complet.

C'est ce que nous allons démontrer dans un spécial et dernier chapitre.

CHAPITRE X

LA CUISINIÈRE LÉGITIME

Pour Passibonqueça nous devrions dire : les cuisinières légitimes, car le goulu ne s'est pas contenté de l'unité, il est allé jusqu'au nombre trois. *Numero deus impare gaudet.*

Passibonqueça l'avoue d'ailleurs à mots couverts : « Pourquoi, dit-il, n'ai-je pas été nommé » curé d'une grande paroisse ? Est-ce que je ne » le mérite pas autant et mieux que bien d'autres » curés, car je n'ai pas comme eux de faux mé- » nage ou une maîtresse compromettante ! Mme » Quatrofin, qu'on m'attribuait, est morte ; et je » n'ai plus que mon petit pot-au-feu avec un peu » de ragoût quelquefois. N'est-ce pas assez ? »

Je le crois, fichtre bien !

A cet aveu naïf nous ajoutons le jugement d'un

homme impartial dans la question, mais fort expert dans la matière : nous voulons dire l'abbé Roche, ami de Passibonqueça, dont il connaissait le fort et le faible.

On n'est jamais mieux mordu que par les chiens, disent les Auvergnats.

Or le susdit Roche s'exprimait ainsi :

« Notre Passibonqueça fait le plus grand tort
» à sa réputation en confessant si souvent à la
» sacristie les jeunes femmes. Avez-vous remar-
» qué que pour une bigote édentée il vient deux
» ou trois minois chiffonnés, aux airs vraiment
» bien délurés ? (et le vieux coquin passait sa
» langue sur ses lèvres)... c'est sans doute pour
» se consoler de ses rogatons de cuisine, car moi,
» qui suis son voisin et son ami, j'en sais long...
» mais *motus !* »

Nous serons moins discrets et nous franchirons hardiment le mur de la vie privée, pour casser une bonne fois les dents venimeuses de ce Passibonqueça et de sa digne femelle.

Mais parlons auparavant de Mme Quatrofin, elle mérite une esquisse.

A Saint-Pierre-du-Gros-Caillou, parmi ses nombreuses pénitentes, le galant Passibonqueça distingua une petite femme assez appétissante, aux formes rondelettes, à la parole grassouillette, aux manières mignonnes. C'était Mme Quatrofin. Elle possédait un petit commerce d'épicerie, auquel était adjoint un débit de liqueurs. Elle trônait à merveille au comptoir, mais elle était plus souvent aux genoux de son cher abbé. La pauvre âme désolée avait des aspirations vers l'infini, et puis elle avait un mari qui... un vilain mari, quoi !... toujours dans la mélasse ; tandis que le cher petit père savait si bien consoler, ses paroles étaient si douces ! Ils ne se quittaient plus : *il* était souvent chez elle, *elle* toujours chez lui, si bien que, les affaires de la boutique allant en raison inverse des affaires du confessionnal, survint une petite faillite. Passibonqueça, qui avait des économies, paya toutes les dettes.

Pendant ce temps, l'époux Quatrofin,... battu et content, se consola en étranglant des *perroquets*. L'amertume de son cœur le plongea dans celle de l'absinthe et il acheva de dévorer son saint-frusquin. Il mangea tout : les pains de sucre, la mélasse, les morues, le sel, le poivre et jusqu'aux clous de girofle; il but tout : cognac, kirsch, rhum, anisette et cassis ; tant et si bien que le bonhomme fut saisi par la mort en même temps que ses meubles par les huissiers.

Quel débarras ! sainte Mère de Dieu !

Ce fut avec enthousiasme que la jeune et tendre veuve abandonna l'ingrat commerce des bouts de chandelles, pour embrasser le métier plus fructueux et surtout plus doux de dame dévote. Il fallait songer aussi à élever un petit môme, venu juste en temps voulu.

Souvent Passibonqueça nous a dit qu'autrefois à Paris il n'était pas un seul curé qui n'eût sa maîtresse en titre. C'était la *dame de compagnie*, vraie gouvernante, ayant la charge du personnel, du linge, des soins intimes et de Monsieur le curé par-dessus le marché. C'était bien porté. Pour le décorum, on l'appelait la nièce, la sœur ou belle-sœur, selon les cas. Elle avait robe à traîne et présidait à table.

Aujourd'hui l'on est moins régence et l'on se contente d'une sale maritorne. Est-ce du progrès ?...

Passibonqueça, qui a des principes, s'y prit donc de bonne heure pour ne pas rester en arrière de ses futurs confrères. Il se paya, pour lui et son Angélique, une petite maison. Mme Quatrofin y fit la dame à son aise, en attendant les hautes fonctions qu'on lui destinait.

Passibonqueça, nous le voyons, avait du bon et

était homme de précautions. Aussi en a-t-il été récompensé au-delà de ses mérites. La bonne Quatrofin lui a été fidèle jusqu'à la mort.

C'était une personne de tant de religion ! Elle n'avait en effet qu'un Dieu : l'amour; un seul saint dans son calendrier : saint Passibonqueça. Elle l'a suivi partout dans ses pérégrinations à travers la capitale. Qui voyait l'un pouvait préjuger à coup sûr que l'autre n'était pas loin. Marie Madeleine eut moins d'amour et l'ombre est moins tenace au corps.

Passibonqueça partait-il en vacances ? Quatrofin disparaissait aussitôt. La messe et la communion étaient supprimées. Quelle main assez délicate aurait pu lui fournir la céleste nourriture ?

Passibonqueça revenu, son âme renaissait à la joie et aux doux épanchements ; elle communiait alors matin et soir.

Où trouver un pareil dévouement, un zèle plus pur, un amour plus désintéressé ?

Passibonqueça paya tant de bontés de la plus noire ingratitude. Il lui préféra —*horresco referens*—une vieille au nez pointu, et la dernière des catins.

La bonne dame, qui avait eu le temps de connaître et d'apprécier le fond et le tréfond de

Passibonqueça, se consola facilement de cet abandon, d'autant plus que, grâce à des arrangements solides, elle ne pouvait plus manquer de rien. Mais la mort de son fils, survenue en plein épanouissement de jeunesse, fut la croix de cette pauvre femme qui n'avait plus rien à aimer. Elle dépérit visiblement et mourut sans regret, désillusionnée de tout.

Passibonqueça lui-même, malgré son égoïsme féroce, eut un instant les entrailles émues, car un jour de prône, il fit en faveur de ces deux êtres un ardent panégyrique, qui était une complète révélation, si ce n'eût été le secret de Polichinelle.

Mme Quatrofin avait autrefois recueilli chez elle une pauvre veuve sans ressource aucune ; elle l'avait prise à son service, ayant le droit de compter sur un peu de reconnaissance. Hélas ! une fois de plus, elle fut dupe de son bon cœur.

Règle générale et qui comporte peu d'exceptions : faire du bien à quelqu'un, c'est se créer le plus dangereux des ennemis.

En effet, Mme Quatrofin, qui était loin de s'attendre à pareille aventure, trouva dans sa domestique une rivale qui la supplanta sans façon. Passibonqueça, devenu curé, viola les termes du contrat. Sous prétexte que Mgr Guibert était moins large que ses prédécesseurs sur la question *dame de compagnie*, il ne voulut pas emmener la fidèle Quatrofin, mais il lui souffla sa servante Caporale major, qui en deux tours de mains embéguina son patron si bel et bien, que c'est lui maintenant qui est réduit en servitude.

Qu'est-ce donc que Caporale major ? Une petite vieille bien conservée, propre comme un sou neuf, au nez en bec d'oiseau de proie, aux yeux vifs, aux manières souples et félines, mais autoritaire en diable et surtout mauvaise langue et potinière à rendre des points à toutes les portières parisiennes.

Elle ferait battre trente six-montagnes; tous les locataires de la maison qu'elle habite la redoutent, et les vicaires de Saint-Joseph la craignent comme le feu et disent tout bas, bien bas : « C'est » une atroce et redoutable vipère ! » Tous ont reçu ou recevront d'elle des coups de dents parfois mortels.

Moi, pauvre abbé Le Gallo, j'en sais quelque chose. C'est elle qui est la cause première de tous mes malheurs et qui excite contre moi son... Passibonqueça !

Pourquoi ? tout le monde le devine et moi je veux le prouver.

Les coupables ont beau prendre leurs précautions, ils sont toujours vulnérables en quelque point, ear on ne s'avise pas toujours de tout.

« Presque chaque soir, me disait un de mes » confrères bien placé pour juger, vers minuit » ou une heure, j'entends Passibonqueça reve- » nant de chez sa Quatrofin. Par un moyen que » seul je connais, j'entends les allées et venues » qui se font dans la chambre du curé et je saisis » presque toutes les paroles échangées. Je ne » puis donc avoir aucun doute.

» Caporale major préside à la toilette de nuit de » son maître, cause, babille, fait ses petits potins » sur les événements de la journée, sur MM. les vi- » caires, sur Mme une telle, etc. Le curé raconte » à son tour, ajoute quelque gaudriole et le si- » lence se fait, sans que l'on puisse entendre » aucun départ, aucun bonsoir. »

La cuisinière gagne son titre de légitime. Il est visible qu'elle fatigue son maître outre mesure, car chaque jour Passibonqueça paraît plus usé, se ratatine et se courbe davantage. En revanche, Caporale major rajeunit; si le menton n'avait une fâcheuse tendance à faire carnaval avec son nez, elle justifierait jusqu'à un certain point l'étrange passion d'un vieillard.

Mon Dieu! je ne veux pas les blâmer trop sévèrement, ils sont libres et ils ne sont pas les seuls à agir ainsi. Ce que je ne leur pardonne pas, c'est de poursuivre les autres sans pitié, à tort ou à raison, eux qui ont tant besoin de tolérance et de pardon.

Soyez sûrs qu'ils vont crier bien haut à la calomnie, à l'esprit de fiel et de vengeance. C'est moi encore qui aurai tort d'avoir ainsi écrit mes souvenirs. Si jamais ils paraissent, ce dont je doute, la tombe où je reposerai alors me mettra à l'abri de leur haine et de leur rage.

Mais, dira-t-on, ce que vous affirmez là est une invraisemblable hypothèse, tout au plus une induction fondée sur des racontars. En pareille matière il n'y a jamais de certitude et personne ne saurait échapper à de tels soupçons, s'il plaît au premier méchant venu de leur donner apparence de vérité.

Nous répondrons que c'est sur l'ensemble des faits et la conduite des personnes que l'on base un jugement sérieux.

En effet, quiconque déjeune ou dîne chez Passibonqueça est bien vite édifié sur le compte de la maîtresse du logis. La Caporale tient la conversation, et sans façon coupe la parole et le pain de son curé. Elle gourmande et commande, et, jusque dans les affaires paroissiales, elle indique comment il faut opérer. En l'absence du maître, elle ne se borne pas à faire la police, elle donne des ordres, car « elle a, dit-elle, toute permission et des pouvoirs généraux de dispense ». Parfois elle se fait rabrouer de bonne sorte, mais malheur à celui qui l'a offensée ! Elle se vengera et pour cela ne reculera devant rien.

Pendre une pareille créature serait trop doux pour elle, il faudrait l'écraser sous le talon de sa botte !...

En attendant, Passibonqueça en est coiffé et devant quelques observations qui lui furent faites un jour par un homme courageux, il répondit : « Jamais je ne me séparerai de ma Caporale, plus » on dira contre elle, plus je l'aimerai ! »

Aimez-vous donc, vieux tourtereaux !

Cependant, leur ciel n'est pas toujours sans nuage et il faut alors les entendre se prendre de bec dans un langage plus que salé.

Un jour, la Caporale, qui paraissait furieuse, dit à quelqu'un dont je puis citer le nom : « Ah ! » vous ne savez pas, il a du vice, *mon sacré* curé ! » Il est rentré hier soir à minuit de chez *sa* Coudray ! »

Cette femme Coudray, dit-on, est une pauvre misérable qui pour cent sous fait tout ce qu'on veut.

Comment la Caporale dévoilait-elle ainsi au premier venu les secrets de son maître ? Parbleu ! ça se devine. Il y avait brouille dans le ménage et la jalousie, surtout chez une femme, fait commettre tant de sottises.

Heureusement pour Passibonqueça, c'est rare.

Ce sont là des preuves morales et convaincantes pour tout le monde de leur situation réciproque, ou je ne m'y connais guère.

Pour moi, elles n'ont pas suffi, j'ai voulu la certitude absolue en me rendant compte par moi-même.

La couchette de la Caporale, d'après son aveu, se trouve dans l'antichambre de leur domicile. C'est un lit-cage recouvert d'un tapis, sur le tapis se trouve un beau vase de marbre. Déjà cela me semblait bien étrange de s'obliger ainsi chaque soir à enlever ce vase pesant, ce riche tapis et de rouler le meuble à la cuisine, sans qu'on entendit jamais rien de ce manège. Je voulus une bonne fois être entièrement fixé sur ce point et j'imaginai le bon tour suivant, que m'avait inspiré le récit d'une aventure de même genre, arrivée dans mon pays d'Auvergne.

Je profitai, un soir de repas officiel, du moment où la Caporale dînait plantureusement et riait à gorge déployée, où tout le monde babillait au salon, pour me glisser dans le corridor et attacher, avec une longue épingle et solidement, le tapis avec le lit.

Trois jours après, j'allai rendre une visite au pasteur, et au moment où il me reconduisait à la porte, je laissai tomber mon chapeau dans l'obscurité et je cherchai de la main au bon endroit. L'épingle y était et mordait toujours dans le matelas. Il est à présumer que la Caporale, qui ne se doutait de rien, ne l'avait pas remise exactement de la même manière, pour me faire plaisir; donc, elle n'avait pas enlevé le tapis. Donc, le lit-cage n'avait pas servi. On peut affirmer, sans crainte de se tromper, que ce n'est pas sur le brillant carrelage de sa cuisine que Caporale major repose ses membres fatigués. Or, comme il n'y a pas dans l'appartement d'autre lit que celui du patron, tirez vous-même la conclusion et le rideau.

Voilà une découverte qui m'a coûté cher!

Passibonqueça, avons-nous dit, ne se contente pas d'un maigre pot-au feu, il lui faut du ragoût et encore épicé en diable. Quel est donc ce ragoût?

La chose la plus dégoûtante du monde : la fille de la Caporale major, Caporale jeune, la veuve Vilain, mais veuve libre, dans tous les sens du mot.

C'est une grande et belle femme, ma foi, qui a du tempérament ; mais pourrie jusqu'aux moëlles, ce qu'elle cache sous des odeurs abracadabrantes, qui la font suivre à la piste par tous les chiens du quartier.

D'ailleurs, pas difficile du tout dans le choix de ses amants, pourvu qu'ils paient ou simplement qu'il y ait un bon gueuleton à faire.

Tout cela est de notoriété publique et personne n'y pourrait contredire.

J'ai vu de mes yeux, étant chez un ami qui demeure dans la même maison, j'ai vu, le 7 novembre 1880, Passibonqueça montant, à une heure indue, en catimini et à tâtons, chez la jeune veuve, au sixième.

C'était bien imprudent, ce me semble, car il lui était si facile de la recevoir chez lui de complicité avec la mère, qui en était bien capable. Mais cette nuit-là, sans doute, il voulait être libre et ne pas s'exposer à une scène de jalousie.

La veille, j'avais vu deux voyous prendre le même chemin et je les avais entendus dire en passant devant la porte du curé : « C'est là que demeure la mère, montons doucement. » Ils apportaient gâteaux et bouteilles de vin pour faire une noce soignée. Ils redescendirent à cinq heures du matin.

Dans la même maison demeure le pharmacien Canulard. C'est le plus grand débauché du monde. Il change de bonnes tous les trois mois et les renvoie après les avoir déshonorées.

Un jour, Caporale jeune, ayant besoin de faire disparaître les commencements d'une grossesse qui pouvait compromettre la suite de ses aimables relations, s'adresse à Canulard qui accepte volontiers, mais vous devinez à quelles conditions. De compte à demi avec Passibonqueça et sa digne maman, elle devient la maîtresse de Canulard, et, comme elle n'est pas une petite bonne novice, elle s'établit en souveraine au comptoir pharmaceutique. Elle a ses projets.

Jusqu'ici la pauvre Mme Canulard avait souffert en silence les honteux débordements de son mari, mais devant l'audacieuse intrusion des Caporales, elle se rebiffe et veut chasser l'intrigante. C'est elle, la pauvre femme, qui est renvoyée à la campagne, où elle ne tarde pas à mourir de chagrin ou de toute autre chose.

Alors on ne se cache plus. Caporale major surveille et chauffe maternellement les amours de sa fille. Passibonqueça assiste aux petits repas amoureux et le soir, avant de se retirer, donne sa paternelle bénédiction. On embéguine le Canulard : c'est un si bon parti pour les deux *jeunes* veufs, il faudrait un prochain mariage. Mais l'apothicaire, s'il est volage, n'est pas bête, il sait ce que vaut la donzelle et en est rassasié. Malgré les caresses de sa maîtresse, malgré les pressantes sollicitations de son pieux entourage, il refuse obstinément le *conjungo*, et un beau jour il jette à la porte tout ce *vilain* monde.

Le comptoir et les bocaux, que Caporale regardait d'un œil si tendre, s'en allèrent en morceaux, comme dans le conte de Perrette.

Ce qui fait le désespoir de la Caporale jeune, c'est d'être par trop prolifique. Elle a beau se méfier et se mettre en garde, elle manque rarement son coup. Il est vrai que Passibonqueça emploie l'argent des pauvres à nourrir les quatre petits crapauds qu'elle a mis au monde, mais à la fin ça gâte le métier, la peau et le tempérament.

Le 7 février 1886, dans l'église Saint-Joseph, au pied du bénitier, vagissait un enfant enveloppé dans ses langes. Qui l'avait apporté et ainsi abandonné ? Mystère ! Il était neuf heures du matin. Notez bien ce détail. C'est précisément l'heure à laquelle Passibonqueça vient dire sa messe, qu'il fait sonner chaque jour à toutes volées pour annoncer à la gent dévote que c'est bien lui, Passibonqueça, qui va célébrer. De plus, c'était un dimanche et il y avait foule de témoins.

Le scénario, comme on voit, est bien préparé.

L'employé apporte à la sacristie sa précieuse trouvaille. C'est une petite fille mignonne et gentille.

A cette vue, le pasteur lève ses bras vers le ciel, comme le vieillard Siméon : « C'est la Providence » qui m'envoie cette enfant, s'écrie-t-il, j'en veux » être le père spirituel, je me charge de son édu» cation et de son avenir. »

On défait les langes et l'on y trouve un petit billet ainsi conçu : « Des malheurs de famille » me forcent à abandonner ma fille, je la laisse » avec confiance aux âmes charitables. Je l'ai » baptisée. »

Passibonqueça, qui ne veut pas manquer une cérémonie, où va briller dans tout son éclat sa paternelle bonté, la baptise solennellement et sans conditions. C'est lui, bien entendu, qui est baptiseur et parrain. Il la nomme *Victorine* (!) CHANDELEUR (à cause de la fête du jour).

Puis il la confie aux sœurs de Saint-Vincent-de-Paul, qui l'expédient en nourrice.

Passibonqueça jubile : il a donné un coup de grosse caisse qui va faire parler de lui pendant huit jours. Le *Figaro*, le *Soleil* chantent ses louanges sur ce vieil air connu, dont nous ne voulons pas répéter la ritournelle.

On en parla ailleurs, tant et si bien, que, sous la pression de l'opinion publique, la police, dame fort curieuse de son état, vint réclamer la petite et l'envoya aux *Enfants trouvés*, où elle est encore actuellement. De plus, on fit une descente dans les sous-sols de Saint-Joseph, pour savoir si l'on n'y découvrirait pas quelques enfants ensevelis, ou d'autres jeunes Caporales séquestrées. Comme bien on pense, on ne découvrit rien.

Quel est le mot de cette comédie si bien montée ?

La voix publique n'a pas hésité un seul instant et a dit carrément que Passibonqueça était l'un des nombreux pères de la petite Victorine. Caporale jeune, pincée selon sa louable habitude, était allée jouir de l'air champêtre pendant neuf mois, aux frais de Passibonqueça, puis un beau matin avait apporté son produit aux pieds du bénitier de Saint-Joseph et dans les bras de son père.

Pour nous, nous ne voulons rien affirmer. L'histoire nous paraît trop invraisemblable et surtout trop cruelle. Cependant nous avons voulu tenir compte des bruits persévérants de l'opinion publique.

Libre à chacun de croire ce que bon lui semble.

Mais, si l'histoire est vraie, il faut avouer que Passibonqueça est doué d'une imagination bien inventive.

Nous nous arrêterons là dans cette biographie du curé de Saint-Joseph.

Nous l'avons fait suffisamment connaître.

Si des faits nouveaux et dignes de passer à la postérité viennent à surgir, nous les relaterons dans une prochaine édition.

ÉPILOGUE

Au revoir, cher lecteur, il faut en rester là,
Le portrait est fini du Passibonqueça :
Sot, méchant, vaniteux, et prêtre abominable,
Des crimes les plus noirs il s'est rendu coupable.
Oncques ne vis sur terre un pareil baladin,
Des curés de Paris il est le plus gredin,
    Ce qui, ma foi ! n'est pas peu dire ;
    J'ai vu meilleur, mais jamais pire !
Hypocrite et grossier, sans mœurs, ni foi, ni loi,
Il n'a qu'un seul amour, un grand amour de soi :
    Pour se venger, plus rien n'arrête
    Ce cœur haineux, féroce et bête.
Voyez-le, ce Rodin, à face de fouine,
Démarche tortueuse, œil faux et jambe fine ;
Du tigre, du renard, du singe et du cochon
Il a les traits divers, un vrai caméléon !
Jusqu'au fond de ce cœur si vous voulez descendre,
Vous n'y découvrirez que pourriture et cendre ;
Semblable à ces beaux fruits qui croissent sur le bord
De ce lac redouté, le grand lac de la Mort.

Le cœur de ce curé n'est qu'un fruit de Sodome!
Un être dégoûtant! en deux mots voilà l'homme!

. . . .
. . . .

Comment donc a péri cet ignoble cafard ?
Un coup de pied fatal l'a frappé... quelque part,
Vautré dans sa cuisine, au milieu d'une orgie :
C'est ainsi que sa mort a couronné sa vie !
Le coup, vous savez où, fut appliqué si fort
Que sa bedaine en fut... crevée et qu'il est mort;

Son âme
Infâme
Alla
Par là !

. . . .
. . . .

Si vous entrez parfois au sombre cimetière,
Voyez son noir tombeau, vous lirez sur la pierre :

CI-GÎT CELUI QU'ON DIT SI BON,
DU MONDE ENTIER LE PLUS CAPON.
IL FUT CURÉ DANS NOTRE CAPITALE,
AMANT DE L'UNE ET L'AUTRE CAPORALE.
IL LEUR ÉTAIT PLUS DOUX
QUE LA DOUCE COLOMBE;
INSCRIVONS SUR SA TOMBE :
SI BON PÈRE ET SI BON ÉPOUX!

TABLE

FIN DE LA TABLE DES MATIÈRES

En vente chez M. l'abbé Julio

166, RUE SAINT-MAUR, PARIS.

Gorin et Cie, par Benoit GOGO . . . . 2 fr.

L'Archevêque de Paris et les Dames de Carreau par l'Abbé JULIO . . . . 1 fr.

POUR PARAITRE PROCHAINEMENT

Mémoires d'un paria.

Le Clergé de Paris, révélations curieuses et authentiques sur la valeur intellectuelle et morale du haut et bas clergé de la grande capitale.

République chrétienne et universelle, unique solution des temps modernes. Etude des questions religieuses et sociales de notre époque.

Un Evêque républicain, vie de l'abbé Fauchet, évêque du Calvados.

Rats de ville et rats des champs ou Chanoines et Curés, poésies funambulesques.

Un lapin clérical, histoire bocagère.

Histoire d'un aumônier des Volontaires de l'Ouest pendant la guerre prussienne et la Commune.

www.ingramcontent.com/pod-product-compliance
Ingram Content Group UK Ltd.
Pitfield, Milton Keynes, MK11 3LW, UK
UKHW020248180726
13839UKWH00001B/250

9 782329 611181